7

Jul.

许倬云先生在匹兹堡家中　许乐鹏　摄　2008年

我们去向何方

许倬云 著

九州出版社

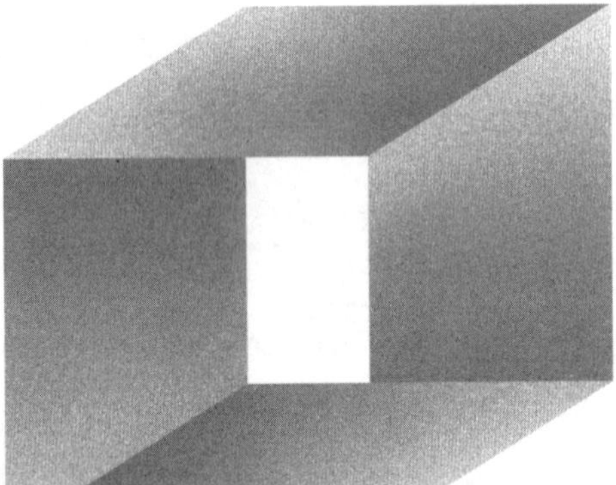

总 序

当今世界的文明危机与转型

各位读者朋友好，我是许倬云。

这十来年，我们看见世界的变化非常之严重。各种不同的文化背景，造成了不同国家彼此间的许多紧张形势。今天的世界打起仗来不像过去，真要彼此扔核弹，大家一锅熬。所以，我对这方面十分担心。

回头想想，我们三千多年前，就是所谓"轴心时代"，几个古代大的文明都出现一批哲人，他们提出一些有关人类文明的基本立场和方向，使这几个大的文化系统都从根上长出新苗，并延续几千年。中华文明和犹太－基督教传统、波斯传统以及伊斯兰传统（伊斯兰传统是从犹太－基督教传统化身出来的），这几个大的传统之间，其实从开始就存在相当根本性的不同。延续下来到今天的世界，当前存在的种种文明冲突，其实并非偶然。如何化解这重重的冲突，是要紧的事情。至少我们要知己知彼，既了解中华文明自身的立场，也要理解他者的立场是从何时、何地、如何生根发芽长出来的。我想这种了解，对我们做出若干决策以及反应会有所帮助。

我这四本书，恰好就在处理这些问题，针对东西方文明中不同的文化集团，对其基因间的差异加以剖析。

我们以中国的文化体系来说，从三千年前的西周开始，一直到汉朝建构完成——真正彻底完成要到明代的王阳明。从如此长期的时间段来考察，我觉得中国文明不是论个体，而是论系统，几套系统性的关键要素，互相套叠在一起。在这许多不同层级、相互套叠的系统之内，个人属于第二级、第三级，而非最大或者唯一。整个宇宙也是由不同层次、不同大小以及不同性质构成的，许多系统互相套叠、互相呼应。人在这中间始终是个关键要素：一个区域、文化之内的许多人，构成一个集团、一个系统，个体与系统之间彼此也有相互依存的关系。中国这一套基本观念：阴阳背反、互动，五行相生相克的流转，及其对世间万物、不同情况的归类——包括人与天地的关系，人与人之间的互动，都是以这个认知为基本结构。

这种不同层级相互套叠的系统，在佛教的《华严经》里表达得非常清楚。而且《华严经》还讲道：种种系统有虚假的，有真实的；虚假的是真实的反映、映照，是它的影子，也是个回照。《华严经》指出的这种复杂关系，恰好与当今量子物理时代的系统论暗合。

而希腊、罗马形态的文明，是以个人为主体。罗马是从希腊化身出来的。希腊是一个城邦，由几个族合在一起，共同努力建立一个防卫单位，但是要整队出发去劫掠别的地方，掠夺别处的资源。他们的系统对外是敌对、掠夺、竞争，对内是强调个人与群体之间的平衡。个人居于极大的地位，对任何其他力量不容让——它是绝对的、自立性的东西，它不是系统的，而是专断的。在这个文明特色之下，就衍生了一个独神教。

中古时代，阿拉伯帝国的阿拔斯王朝和盛唐的中华帝国发生过一次怛罗斯战役，安西都护高仙芝战败。那次失败，伊斯兰教的世界初试啼声，席卷而上，把两个大帝国都打败了——中国的疆域被伊斯兰教打破了，波斯帝国被灭亡。那个时候，正处于人类文明第二个轴心时代。秉持独神信仰和个人主义的宗教出现了两三家，而且都信奉强大的、极端的暴力。

到今天我们感觉到，又是这种独神信仰和个人主义的观念席卷世界。今天中国面临的局面是"一对二"，以我们自身的文明来面对两个独神教系统：中东的伊斯兰教、欧洲的基督教。独神教的特点是以自己为重，认为上天对他们有特别的恩宠，因此他们拥有特权，可以凌驾于异质文明之上。他们所尊奉的个人主义，发展到一定地步，个人可以挑战集体、挑战系统——美国最近发生的，其实就是这种情形。这种文明之间的冲突，从唐朝以后其实一直都在，很多时候是间接冲突。

到了18世纪以后，发生了更大的冲突，就是我们的文明和资本主义主导的商业经济间的冲突。资本主义商业经济一切谈利，和中国文明一切谈义的立场正相反——西方人谈利不谈义，他们认为"利"就是"利己"。这是人类文明史上又一次的"轴心转换"。这一资本主义系统的强大力量，将伊斯兰教的力量也压倒了；而这种"求利之心"，架在资本主义列车上横扫世界。

我们中国如果跟随西方走的话，大家同样是一切求利。但我们看见在二战以后，美国近四五十年显露出的问题，如今愈演愈烈："神""人"之间，现在"神"的力量没有了，"神"对个人不再有约束力；个人的求利之心、求自利之心，变成最重要的动机。所以，这个以个人自由、个人权利、个人独立精神来共同组织一个民主国家的构想，在今天面临极大的危机：这种国家社会，一步步分散，终有一天会溃散到不能运作。溃散以前，掌握权力的人，以其自身利益为着重化，为所欲为，这是极大的危机。

伊斯兰教集团逐渐衰微，被基督教集团压得无法抬头。世界上只有我们中国独自挺在一边，我们还有中国文化系统的旁支。但是这片传统的"中华文化圈"，占据世界四分之一以上的土地，拥有超过世界四分之一的人口，不是无可作为。我们恐怕是当今世界，唯一可以将个人主义的极端性加以矫正的力量，所以，在这个特别的时机，我愿意把这些想法提出来，是心有戚戚焉。

今天读到新闻，说北卡罗来纳州发生枪战，这些人将配电站都烧了。枪战发生的原因，是支持同性恋的组织与保守的宗教组织对抗。我不批评他们的个人选择，但个人主义发展至极端，整个社会就不成组织，必定趋于散漫。

动物里的蚂蚁、蜜蜂是极端集体主义：有工蚁、工蜂做事，蚁后、蜂后负责生产，养了一批提供精子的雄性。它们是集体主义，没有个体在内——这与中国的系统化之内，各种大小单位彼此补充、调节的模式完全不一样。如果我们把个人主义倒反过来，集体主义到了极点的话，也不是我们所需要的、向往的东西。

今天我提出的，第三次世界的轴心时代在二战结束时开始：二战结束以后，世界被拉到一块，不同思想、不同文化、不同观念、不同利益都被拉到一块，共同谋生。只要不独断地否定其他文明，可以共同求存，不至自我毁灭——国家内部分散到一定地步，就是自我毁灭。

我就说到这里，盼望大家体谅我这老年人的一番心情，可能是过虑，但确实是苦心。这个苦心是为了全体人类，不是为我自己。

谢谢各位。

2022 年 12 月于匹兹堡

目 录

自　序 – 01

前　言　从兴盛到衰颓 – 05

第一章　现代西方主流文明的困境 – 001

第二章　资本主义与国家权力的关系 – 010

第三章　资本主义经济的弊病与矫正 – 021

第四章　资本主义经济最近发生的问题 – 031

第五章　西欧和美国民主化的历史过程 – 041

第六章　现代国家的形式与运作（上） – 053

第七章　现代国家的形式与运作（下） – 063

第八章　现代科技的发展（上） – 077

第九章　现代科技的发展（下） – 087

第十章　资本主义目前的问题 – 097

第十一章　最近科技发展的情形 – 106

第十二章　为现代文明把脉 – 117

第十三章　国家功能的衰变 – 125

第十四章　主权国家的排他性 – 137

第十五章　资本主义与国家的运作 – 149

第十六章　现代社会的松弛和解体 – 163

第十七章　现代科学呈现的宇宙观 – 174

第十八章　中国和印度形而上学所建构的

"生命现象价值观"宇宙论 – 185

第十九章　后　论 – 199

附　录

世界分崩离析的局面已经露出来了 – 211

许倬云口述：当今时代，我们需要容忍互存的"全球化" – 225

自 序

　　一般言之，从欧洲发轫的现代文明，是从十六七世纪开始的。东方传来的火药炸毁了封建城堡，也因此结束了封建社会；罗盘的使用使欧洲船只可以在茫茫大洋中寻找航道；纸张和印刷使思想和信息都能保留长久，也得以传播到远处。尤其最后这一项，带来的是宗教革命和启蒙运动。欧洲人终于摆脱了天主教会长期以来的神权统治，开始寻找自己。在启蒙时代，人找到了个人的自觉，这一自觉带来的是个人主义。于是，按照马克斯·韦伯的理论，个人必须有所表现，才能印证上帝的神恩——这是资本主义发展中的工作积极性。个人向政府争回自己的权利，国家只是许多公民合约的共同体。科学的追寻则是在摆脱了神意的束缚后，以自己的理性追寻对于一切事物的解释。这几个方向的发展，乃是现代文明的重要基石。因为如此积极进取，这四五百年间，人类缔造了现代文明——人类历史上辉煌的篇章。

　　现代文明起源于欧洲，扩及美洲，这一族群积极进取，经过三四百年，取得了整个美洲新大陆，又取得了印度洋、太平洋等广大地区的殖民地。欧洲人占领土地、掠夺资源、奴役劳力，凭借如此庞大的力量，主宰世界达四百年。欧美学者不断地在讨论，现代文明如何能够发展到如此的地步？但是，至今几乎没有人正面地提出，西方人是如何以枪炮、组织能力和工业生产能力夺取这么一大片原居民拥有的土地，奴役欧洲以外大半人类的。

　　本书的各章就是叙述现代文明的发展过程。此处必须提出的，乃是现代文明发展的基石——"个人的自觉"。在韦伯的理论中，资本主义下的个人仍是经过神恩的眷顾才能成全其事业；个人不能为一己之私为所欲为。国家共同体内的个人虽然有自由，但对这个共同体也有相应的责任。在科学发展的过程中，出现了两种不同的态度：有人以为科学万能，也有人抱持谦虚的态度，认识到未知的范围远非我们的能力能够完全理解。对技术的使用，有人竭泽而渔，也有人不敢一味"戡天而用之"，仍然保留了对自然的一分尊敬。

　　20世纪以来，科学研究迅速发展，加上全球化以后人类文化的多元，犹太教、基督教的神恩不再能约束个人主义的脱缰而去。于是，资本主义追逐利润，压过了个人主义对自己的约束，一变而无所用其极。在国家层面，共同体组织复杂、事务繁重，公权力的压力也压倒了个人的自由。在科学发展方面，不断追寻开拓的浮士德精神，加上知识也成了一种资本和权力，有些科学家忘记了求知本身的基本态度。技术的使用促进了生产，为人类的物质生活创造了空前的舒适和方便。工业化的后果是生产量越来越大，取之于自然的资源也越来越多，终于造成了今天对自然环境的极大毁损。

综合言之，原本是人类自觉的个人主义，竟逐渐转变成只顾及自己的自私，每一个人的自私都有可能损害别人的利益之处，整个人类社会就成为人与人之间彼此竞争，而不再是彼此合作的关系。更可虑者，是"自私"导致的自我封闭：人际疏离、亲情淡薄、家庭破碎、社会解体；人与人之间没有温暖的情感，却越来越多彼此的利用。在人类本身解散为无数游离的个人时，占尽资源的强者和富者以暴力垄断资源，权利和权力之间不再有公平和互惠。之前读到一个统计，近来美国自杀的人数平均每天有157人！死因大多是由孤独、无助和工作压力产生的忧郁症！

四五百年的发展，现代文明竟走到了夕阳衔山的时光。再下一步，也许就是茫茫长夜。今天，我们也许还可以欣赏灿烂秋光，这本书只是停车沉思。然而，我们不能只是感慨。在本书的最后一章，正是我将接受重大手术的前夜，留下的叮咛也不过是尽一己绵力，提供给这一代和下一代思考，盼望人类共同缔造第二个"现代文明"，对"人／我""群／己""天／人"彼此的关系，有较为妥善的安排。

前　言

从兴盛到衰颓

前天是美国的国庆日,各处放烟火庆祝。火树银花,歌舞通宵,一片升平气象。然而,美国骨子里各方面的窘态已经渐渐显露。美国富强一时,乃是现代文明第三阶段的中心。现代文明从开始至今,已经有五百多年。第一阶段是从教廷神权和封建制度的欧洲秩序中解放出来,这一阶段就是宗教革命和启蒙时代。第二阶段则是工业革命以来,现代的生产方式和相应的都市化现象。第三阶段应当是从20世纪30年代经济大恐慌以后,美国逐渐恢复活力,而欧洲陷入战争。从那时开始美国崛起,成为现代世界霸主。如果按照一年四季计算,这第三阶段就相当于秋季,盛夏的丰足经过秋收后,也快进入凛冽的寒冬了。

本书叙述的范围,正是美国崛起以后,经过二战成为世界龙头,而最近逐渐衰败的过程。20世纪60年代,麦克尼尔❶紧接《西方的兴起》(Rise of the West)一书，又出版了《世界史》(A World History)，其中叙述的都是以欧美为主体的现代文明是如何扩散于全球各处，引发现代文明与其他文明之间迎拒蜕变的过程。去年，莫里斯❷的新书《西方将主宰多久》(Why the West Rules-for Now)出版。这一书名就说明了在麦氏写作《世界史》半个世纪以后，历史学家改变了提问的方向：这个西方的霸权究竟是如何建立起来的？还能维持多久？二十多年前，福山❸提出"历史的终结"之说，他认为人类历史发展的大致规模已经定了型，此后只是做一些小小的修正而已。显而易见，福山认为现代文明就此长久存在。然而，就在今年，弗格森❹出版了《西方的衰落》(The Great Degeneration: How Institutions Decay and Economies Die)一书，指出现代文明的支柱之一——资本主义——因为经济不断地扩张，世代之间已经无法衔接；

---

❶ **威廉·麦克尼尔**（William H. McNeill，1917—2016）：美国当代著名历史学家，全球史研究的开创者，曾任全美历史学会主席。

❷ **伊安·莫里斯**（Ian Morris，1960— ）：美国当代历史学家，出生于英国，现执教于斯坦福大学，主要研究古代地中海区域史及世界史。

❸ **弗朗西斯·福山**（Francis Fukuyama，1952— ）：著名日裔美籍学者，1989年提出"历史的终结"学说，认为西方的自由民主制度是人类意识形态发展的终点。

❹ **尼尔·弗格森**（Niall Ferguson，1964— ）：英国当代著名历史学家，以世界史、经济史研究闻名。

同时，政治方面与经济方面的上层人物已经背离了社会，造成上下隔绝的局面。皮克迪（Thomas Piketty）的新书《二十一世纪资本论》(*Capital in the Twenty-First Century*)更是指出，今天资本主义社会的贫富悬殊，既是其本质所在，又是无可逆转的。这一说法与《西方的衰落》一书指陈的现象彼此吻合。最近，《纽约时报》专题记者帕克（George Packer）组合新闻报道的一串故事编为一书，名为《松弛》(*The Unwinding*)，副标题是"新美国的内幕故事"(An Inner History of the New America)。他指出美国现代文明的动力正在逐渐松弛，并将目前的变化当作巨大转变的征象。这几部著作代表的观点分别叙述了西方的兴起和衰落，而且以美国本身的发展曲线摘出几个指标，呈现其衰退的趋向。美国代表的现代文明，经历盛世后开始走向蜕变。

本书的叙述虽然是以现代文明作为着眼点，但是也以美国的历史过程作为主要的观察对象。我1957年来美读书，中间回台湾地区工作将近十年，1970年又来到美国工作，直至退休。即使在台湾地区工作那一段时期，由于承命参与学术涉外事务，也常常来美，有近距离观察的机会。这几十年来，我确实也目睹了美国从兴盛到松弛的过程。这本书就是我综合自己的观察所得，批判美国社会与文化变化中的一些现象。在这本书以前，《南方都市报》也陆续刊登了我一些讨论历史的文章,其所及的课题其实也在这个范围之内。那些已经结集为单行本的论著(《大国霸业的兴废》《世界何以至此》《三千年文明大变局》),都可以作为这本书的参考资料。本书讨论的现象,也有一些已经见于过去那几本书,不过各处的详略不同,而且上下牵扯的议论也不一样。读者可以将这几本书的内容合并在一块儿看,可能会有更清晰的理解。

在这一系列文章内,我特别摘出资本主义的经济制度、大型共同体的主权国家体制、科技发展及其相关的工业生产方式——本书就以这几个方面作为讨论的重点。资本主义的经济体制,是商品的生产与交换;可现在,交换的媒介——货币——却变成了资本主义经济体制下的主体。资本主义经济体制的出现,人与人之间的诚信是其最要紧的因素。可是最近,资本主义的运作却逐渐呈现为以钱博钱的虚象。经济体制中,主要的运作从业人员却是经常投机欺骗、博取短利,这也造成了财富分配得极度不均。更需注意的是,今天资本主义的魔力已经伸展到金钱之外。金钱与权力常常可以互换,社会关系可以转换为金钱-权力的共同体。科技知识常常是生产力的前哨或后盾,知识就可能是财富或权力。在今天,这种可以彼此转换的"三位一体",遂使资本主义具有统摄"国家"与"科技"这两个现代文明重要项目的威力。

从 17 世纪以来，主权国家成为世界大型共同体的主要形式。这种体制可以结合全国的人力、物力，在资本主义的竞争场中为国家获得利益。而根据国家共同体的结合方式，国家拥有的财富又以公权力重新分配，使得贫者、弱者都不至于无人照顾。然而，由于官僚系统的扩张，国家体制代表的公权力最终还是脱不开尾大不掉的僵化。其中，"权"与"钱"的结合，更是官僚政治的严重病灶。今天的世界正在全球化过程中，而主权国家体制永远是排他的。如何在"排他"造成的国际冲突与全球化必须具备的协调与合作之间，取得适当的平衡点，也就是，如何安排一个新的世界秩序，是值得思考的重要课题。

所谓科技发展，"科学"是学术，"技术"是生产，两者之间的关系并不必然地立刻结合为一。后者毋宁说与工业生产有更深的关系。不过最近半个世纪以来，科学迅速发展，与之相应的应用技术转变为生产力，使得现代文明这一环节呈现了前所未有的动力，这也会影响到与政治、经济两者之间的互动。

科学探索是人类文化活动的一个重要项目。在现代文明的特色中，科学昌明占显著地位。科学发展与其对于许多自然现象发生、变化的解释，影响了人类界定若干终极价值的意义，也严重地挑战了许多属于宗教信仰的价值观念。在现代文明系统中，科学与信仰之间存在许多必须厘清的紧张关系。下面会有一些章节，对这一领域有所探讨；在全书的总结部分，我也会提出如何创建适合现代文明的价值系统。

海峡两岸的中国人经过百年来颠簸的命运，长期习惯于将西方当作先进的榜样。但在这一系列讨论现代文明的篇章中，我却背道而驰，诚心地为国人提出这些该注意的问题：现代文明正在走入秋季，寒冬已经不远。我们不能单单把模仿西方当作现代化的门径，现代文明已经老化——模仿与复制一只老羊，其结果是复制出一只刚出生就已经老化的新羊。

世界性的现代文明不应当只有这些时期：过去五百年来，现代文明的发展有三百多年是在欧洲，最近一百年左右则是西欧和美国共同担纲发展现代文明的任务。现代文明如果有新的时期，希望不仅是修补旧瓶子，而是新瓶新酒，是将世界其他文明的经验整合在另一阶段的现代文明。也许我们可称其为"后现代文明"，所有的中国人都无法摆脱参与缔造这一新文明的重大使命。

第一章

现代西方主流文明的困境

在过去讨论的课题之中,我们经常提到西方现代文明的发展过程,也提到过西方文明正在面临一个重要的关口。这个关口究竟是象征着西方文明走到了衰亡的阶段,还是可能经过一次调整,又一次走向新的高峰?目前我们还很难断言,主要是由于现代文明确实有其自我调整的机制。

近代科技的发展与资本主义经济的产生

如果我们以最近三四百年的发展来说,过去我们经常提到,西方主流文明是从欧洲的启蒙运动❶开始的。在那个

---

❶ 启蒙运动:17世纪发端于法国,后扩及欧美诸国的思想文化运动,以提倡理性为标志,亦称理性时代。

关节上，欧洲国家摆脱了宗教桎梏，发展了自由思想。在自由思想的基础上，开展了科学和技术改进。这两者逐渐互相支持，终于汇为巨流。到今天，科技发展的潜力还在增长不已。

通过技术改进，西方步入工业革命，将过去的农业生产和作坊手工业改为大规模的集体生产。这一生产模式又必然牵扯如何取得大量的资源以及如何开拓巨大的市场这两个问题。于是，资本主义的经济也就应运而生。在这个制度下，技术、劳力和资金三合一的结构，不断将人类的生产力推向新的高峰，财富的累积也随之不断增长。

在资本主义制度下，市场经济的潜力是惊人的，但代价也十分巨大。贫富之间不再只是生活形态的差异，金钱变得比武器更厉害，更足以奴役许多弱势劳工，剥削许多消费者，将社会分割为贫富两截。这一困境刺激了社会主义的成长，马克思主义就是在这一背景下出现的。20世纪马克思主义在世界各地都产生了极大的影响，而且曾经有过大规模的实践。到了20世纪后半期，这些实践却都在不同地区出现了重大修正，以至于许多人问：马克思主义是否必然为资本主义的代替品？这个大的问题我们在此处先提个头，将来我们还要花更多的篇幅讨论、回顾、前瞻、衡量社会主义和资本主义之间的关系。

现代民主制度的政体形态与内在矛盾

现代文明的另一个重大特色，则是民主政体在各处普遍呈现为国家组织的基本形态。经过几次大革命，尤其是法国、英国和美国的几次大革命，启蒙时代提出的人权观念落实到了民主政治上。"民主"两个字，正如同"科学"两个字，在中国近代思想史上几乎是灵丹妙药的同义词。所谓"德先生"和"赛先生"❶，自从五四运动以来就被大家认为具有普世意义的价值。20世纪中叶以后，几乎不再有真正的帝王，除了一些宗教性特强的国家以外，世界上绝大多数国家都以民主政治的面貌建立其国家共同体。虽然在近代中国思想史上，"民主"高唱入云，但以我们一般人的了解，却只是把选举、投票当作民主。我们必须理解，民主政体国家的象征是，国民以宪法或者类似机制，用合约的方式建立一个共享主权的政治共同体。这个共同体是一代一代的国民用法律保障自己的权益，以自己的意志经常性地监督受委托行使统治权的政府，国民也一代又一代经过同样的合约机制，不断地修正这个共同体的权力结构和功能。理论上，任何经过合约建构的共同体，都可以通过参

---

❶ **德先生，赛先生**：五四运动中对民主（Democracy，音译德谟克拉西）和科学（Science，音译赛因斯）的称呼。

与者——选民——改变其内涵和外延。

在这种定义下，近代文明政治结构上的特色，不免常常会面对两难的纠缠。一方面，任何国家的背后都有一个民族的观念，而且民族又隐含着种族或血缘的意义。无论是种族还是血缘，都是有预设定义的团体。于是，民族国家❶不免成为预设的毋庸置疑的共同体，竟与国民合约建立的共同体之间，有难以克服的困难。究竟国家大于国民，还是国民大于国家？身为共同体合约签署者的国民，是必须接受这个共同体的存在，还是有权加以改变？如果改变的过程激烈，说不定又会影响共同体本身的稳定，甚至颠覆和消灭这个国家共同体。近代历史上因为这样的纠缠，不断地产生了国与国之间的冲突，国与民之间的压制与反抗。

前面一段讲到资本主义市场经济及其造成的剥削和分配不均。在现代国家共同体下，又呈现出另外一层困难：个人发展的自由空间和国家公权力作为保障公平、公义的机制之间，关系如何处理？公权力是否能够，或者是否应当约束那些因为累积财富而拥有巨大社会权力的企业单位或个人？理论上，既然每个人都应当享有在法律范围内充分发挥其能力的机会和权利，谁还可以约束这些有发展能力的单位

---

❶ 民族国家：国家政体的一种形式，民族为共同体的认同概念，来源包括共享的体制、文化、族群等。

和个人，限制他们发展的空间？今天美国两党政治对抗中很重要的一个争议，就是国家公权力是否应干涉个人发展的自由。可是，在今天资本主义制度之下，财富累积可以达到难以置信的地步：雇主因为掌握了巨大的财富，可以"一钱压死人"，使被雇者没有反抗的余地。财富所代表的权力，在今天往往足以挑战国家的公权力。当然，如果经济方面居弱势的人群团结一致，未尝不能反抗金钱的暴力。从20世纪起到今天，种种工会运动就是因此而起。有些国家的革命也是因为穷汉实在过不下去了，不得不反抗，为自己求得生存的权利。

欧洲启蒙运动以来，个人的自由和平等都是不容侵犯的人权。现代主流文明的精神，就是尊重这些个人权利。每一个个人均具有天赋人权❶，这是基督教教义中很重要的部分。神爱众人，对每个人都一样，所以神给每个人的权利，都不应当被另外一个人侵犯和剥夺，只有在这个基础上，现代的民主制度和自由市场才有立足之处。然而，如前文所说，一个民主国家是由许多公民合议，通过合约的方式共同组成的，这个公权力本身代表了全体人民的意志。

---

❶ 天赋人权：伦理学中的一个概念，又称自然权利（natural rights），源于古希腊哲学的自然法理论，指自然界生物普遍固有的权利，并不由任何法律、信仰和政府赋予，是不证自明的。

在比较抽象而一般性的共同意志下，单独的个人该如何维护其具体而特殊的权利？也如前面所说，金钱代表力量，巨大的财富累积使某些个人具有巨大的权力。他们足以影响政策，甚至为了维护自己的利益，通过金钱的作用，长期影响选举、影响立法，进而垄断国家的公权力。在财富面前，个别的小人物具体而特殊的权利不能得到保障，社会的公义和公平在以金钱代表的权力下已经无法伸张。

现代社会中人的处境发生了极大的变化

在今天的社会，一个经济发达的国家交通很方便，就业也有很多选择的机会。城市化的居住环境，再加上信息工具发达，每一个个人在高度流动性的社会中，很难和另外一个个人保持长期联系，更谈不上构成比较稳定的社团。乡党邻里、宗族亲戚在今天都不过是回忆，不再具有真实的意义。在高度发达的国家，例如美国和西欧，每个人的生活都有太多的选择，而每个人能够得到的机会，既有许多可能性，也有许多限制。于是，个人是飘零的，也是孤独的。今天，在这个经济发达的社会中，有许多人是在网上工作，在家里上班，他们更没有所谓的同事、同僚等一群朋友。最近大家在讨论教育制度，说网上的课程和学校已经纷纷出现，将来受教育也是在网上接受信息和训练，于是同学这一环也不见了。

第一章 现代西方主流文明的困境

世界上第一条汽车组装生产线
1913年12月1日,亨利·福特开发出世界上第一条汽车组装生产线并投入生产。

家庭这么一个重要的生活单元，既有感情又有血缘的纽带，今天也在逐渐解体之中。因为，人珍惜自己的自由，不愿意再把自己与另外一个人绑在一起，婚姻因此成为一个短暂的结合，甚至不再有这样的制度。在这个最自然的单元也濒临破碎的时候，个人实在已经无所归属。个人确实是拥挤人群中的孤独者，相呴以湿、相濡以沫在今天已经成为奢侈的幻想。人不仅是孤独的，也是寂寞而无助的。

人类不过是许多动物中的一种，灵长类中人这一科，论体力、自卫能力都不如许多其他动物。人能在万物之中占据优势地位，是由于人有智力，更重要的则是因为人能通过语言和思考结合成一个群体——这个群体的结合能力使得人类能够从动物世界中脱颖而出，统治这个世界，将整个世界作为神赐给人的伊甸园❶。

到了今天，人群已在离散之中。绝大多数的个人为了谋生，必须归属于某种产业单位。产业单位是以金钱结合的，在这巨大的产业结构中，个人只是可以随时被替换的小零件。在今天的科技生产条件下，人的异化程度比过去更为严重：单独渺小的个人只是将他自己的力量融入产业

---

❶ 伊甸园：《圣经·创世纪》中，上帝安置人类的祖先亚当和夏娃的地方，后来亚当和夏娃受蛇的诱惑偷吃了园中分别善恶的果子，上帝便将二人逐出了伊甸园。

单位，他自己已经不存在了，他不过是一个随时可以被替换的小零件。人的尊严究竟在哪里？人的自主性究竟在哪里？人之不同于其他动物就在于人能合群，那是不是合群之后就不再有自己？"群"又归谁主导？用金钱堆砌的无冕之王、假借公权力而取得支配地位的民选贵族，他们已经代替了过去的封建领主和帝王，主宰着许多小民百姓的命运，也决定着国家共同体的功能和发展方向。

从启蒙时代到今天，人类在这三百多年中逐渐发展取得的成绩，从生产的能力和生活的舒适程度来说，都远远超越了过去千万年加起来的总和。人类因此自信，也因此骄傲。但今天，这三百多年的发展也让我们看到了意想不到的后果：在这个方向上人走得越远越快，大多数个人的权利和自由都不再得到保障。人有了自由，却不再平等；有了安全，却不再有慰藉。人在伊甸园外，是不是只剩下额头流汗的机会？这茫茫大地是不是终于只属于那些人上人的"高级人"，而"低级人"的命运只不过是散漫的工具？这些都是我们必须好好思考的大问题。这个现代文明社会还在继续不断改变，我们是让惯性作用继续进行，还是加一些匡正，带回人的价值，带回社会意义？

下面诸章将分别从现代文明的方方面面，检讨这一文明系统已经呈现的各种问题。然后再讨论有无可能从中国文化中抽出一些元素，帮助现代文明调整和改进。

第二章

资本主义与国家权力的关系

上一章谈到，在近代资本主义发展过程中，个人孤单，社会异化，贫富悬殊。这些弊病也不可能完全是资本主义制度这一个因素造成的。历史上种种现象都是各种因素错综复杂造成的多种后果，没有单一因素造成单一后果的情况。在本章里将要讨论的是，资本主义制度和国家作为最高权力群体的关系。这两者之间互为因果，使作为国家主体的人民，尤其是个人，沦为孤独无助的个体。

民族国家的确立为殖民扩张奠定了基础

17 世纪爆发了三十年战争❶，使得欧洲北部与西部的新教徒和欧洲东部与南部的天主教徒两大宗教集团展开了长期的斗争。战争结束后，欧洲列强签订了《威斯特伐利亚和约》，承认列国的制度是基本的国际体制。从此以后，再没有超越国家的教廷组织，也没有真正笼罩全欧的大帝国。那些新兴的列国本来都是从外面移入欧洲的所谓"蛮族❷"的后裔，他们原来的群体结构是从部落转化而成的封建体制。领主与百姓之间是主从关系；国民在国家之内，然而国家不是国民共同构成的团体。这种情况在西欧和北欧的发展方向略有不同。英国克伦威尔领导的中产阶层革命和法国大革命，已经将"人民的合约才能够建构国家"的观念作为国家形成的基本条件。低地地区——今天的荷兰、比利时一带——形成的自治省，更是将人民放在国家主权主体的位

---

❶ 三十年战争（1618—1648）：以波希米亚人民反对哈布斯堡王朝统治下神圣罗马帝国的宗教主张为始，后演变为几乎全欧洲所有国家参与的一场宗教外衣下争夺地盘的国际战争。战争推动了欧洲近代民族国家的形成，战后各国缔结的《威斯特伐利亚和约》确立的国际秩序影响深远，被认为是近代国际关系的开端。

❷ 蛮族（Barbarian）：罗马帝国时期对周遭部落和民族的称呼，因其不会说通用语（希腊语、拉丁语）而被认为是野蛮的和不开化的，主要包括日耳曼人、凯尔特人、波斯人和阿拉伯人等。

我们去向何方

《威斯特伐利亚和约》

1648年5月15日，德国明斯特市政厅，欧洲各国天主教代表参加代表大会，在此签订的合约为《威斯特伐利亚和约》的一部分，标志着欧洲三十年战争的结束与和平进程的开始。

置。从这以后，欧洲经过一百余年的演化，到第一次世界大战以后，才真正落实人民是国家主体的国家制度。

欧洲历史从长程发展来看，自希腊时期就有了国家主体，也就是城邦❶。但城邦的公民中有一部分是由一些部落群成员构成的，他们的人数并不占城邦居民的大多数，那种民主制度其实是有限度的。可是，城邦制度呈现的民主性却成为一种理想，后世国家民主化的发展可以说是不断落实全民民主化这一理想的努力。

在泛希腊化时代❷，希腊的霸权代表着以核心国家为主体建立的超国家群体。罗马帝国不仅霸权，而且还是一个核心国家建立的庞大统治体。雅典的霸权笼罩了地中海东端、爱琴海外围和小亚细亚等陆地地区，但这些地区其实并没有长期附属于希腊霸权之下。罗马城邦的霸权却是笼罩了整个地中海外围。罗马的统治形态，可以说是开了后世西方殖民帝国的先河。

从东地中海一步步扩展到全部地中海外围，这是一个

---

❶ **城邦**：城市国家，指以一个单独的城镇为中心的国家，有主权独立和小国寡民的特点。古希腊是城邦制度发展的重要时期，著名的城邦有雅典、斯巴达等。

❷ **泛希腊化时代**：指希腊化文明入侵整个东部地中海以及西亚、中亚的时期，通常以公元前323年马其顿国王亚历山大大帝逝世为开始，到公元前30年罗马征服托勒密王朝统治下的埃及为止。

遵循水道向西扩张的过程。再下一步的发展,将是西方殖民帝国推向大西洋,更进一步推到新大陆❶。从16世纪开始,这个趋向已经很明显了。第一步推向海外的殖民帝国是西班牙和葡萄牙,但很快就由荷兰与英国接手,荷、英成为跨洋帝国中的主要力量。在三十年战争以后,欧洲出现的列国制度是欧洲内部的分化;至于在海外,却是若干沿着大洋边缘的国家能够争霸,甚至建立庞大的海外帝国。新大陆的新兴国家——美国,乃是向西扩张的核心国家中的最后一个。到今天为止,美国建立的是全球性的霸权,而不是像大英帝国那样的帝国体制❷。这一个个登上历史舞台的强权,其国家掌有的权力十分巨大。也正因为有如此强大的实力,这些强权的政治中心才能以实力投入原料的取得和市场的开拓。也就是说,资本主义代表的财富增长,与

---

❶ **新大陆**:1492年10月12日哥伦布发现美洲后,欧洲人对美洲大陆的称呼。此前欧洲人认为地球上的陆地只有欧、亚、非三个大洲,而没有其他大陆存在。

❷ **帝国体制**:英国从17世纪初起经过三百余年的殖民扩张,建立起一个领土面积达3400万平方千米的"日不落帝国",这一以英国为中心、对殖民地实行松散统治的庞大帝国在二战后的民族独立运动中逐渐瓦解。

国家力量的扩大是同卵双胞胎。难怪亚当·斯密❶撰写《国富论》这一资本主义的"圣经"时,就将"国"与"富"连接为一个名词。

国家力量是近代各国资本主义发展的后盾

现代资本主义在历史上的前身,乃是地中海几个地处海陆交通要道的城市,其中的巨商大贾投资进行利润十分丰厚的长程贸易。他们必须先筹集大量资金,置办船只,雇用海员,远航他乡,取得外地的商货,运到欧洲以赚取厚利。在这些城市的富商手上,发展出了银行制度、保险制度等那些后世资本主义的工具。这些商埠城市的政治权力就在这些富商银行家手中。在这一阶段,公权力与财富之间互相撑持的关系已经很显著了。在近代世界,以英国、美国为例,新兴民主政体的发轫,大概都是先由一些大地主启动体制的改革,然后以城市工商业者为真正的主力,建立政商之间的合作关系。

近代资本主义在远洋贸易之外更重要的发展园地,则

---

❶ 亚当·斯密(Adam Smith,1723—1790):苏格兰经济学家、哲学家,是经济学的主要创立者,古典经济学的代表人物。代表作有《国富论》《道德情操论》。

是工业革命以后的大规模生产，这两者之间实际上是互相依附的。大规模的工业生产需要先有资金，才能置办工厂设备和取得原料。这些原料往往又不能仅仅依赖当地的资源，而必须从远处运来。大量生产的成品也不能单单依靠当地的市场，而必须运送到远处开拓更大的市场。于是，不仅预筹的资金必须有一定的规模，取得原料和开拓市场的努力也必须依赖国家力量做后盾。所以，资本主义体制下的工业化必须和国家的资源力量配套，才能有开展的实力和余地。18世纪末到20世纪初，正是这种国家支持的资本主义，以帝国主义的面貌将西方经济力量扩张到全球，西方的文化也因此成为世界现代文化的主流。

就资本主义国家内部而言，第一次工业革命❶以机器生产代替了依靠人工和天然能源的生产方式。现代科技不断发展，能源由煤逐渐扩展到水电、石化，然后扩大到核能等；生产的工序也由以工人为主体，逐渐转变为生产线的一贯作业，工人只不过是生产线上的一部分，与机器没有差别。任何资本主义的生产方式，因为降本求利，必然会尽量降低成本。在机器生产之初，工人并不需要跟过去一样的熟练技术，也并不一定需要强壮的体力。于是，童工、

---

❶ 第一次工业革命：又称产业革命，18世纪60年代开始于英国，至19世纪40年代基本完成，以蒸汽机作为动力被广泛应用为标志。

女工都成为劳力剥削的对象，因为他们的工资较为低廉。工人工作的条件也在减少成本的要求下越来越简陋，工作时间则往往每天超过十小时。工厂的主人掌握了资本，工厂生产的主导权在于主人，工人只是一个附属品而已。这种非常不对等的合作关系，使得工人成为被剥削者，无力反抗。这种不公平的现象引起了社会关注，理想的社会主义者要求对此有所纠正。也有人组织工会，以集体力量为工人争取起码的权利。马克思和恩格斯主义则主张以工人为主力的社会革命。资本主义和社会主义的对决，从18世纪末以来从未停止。当然，马列主义的社会革命到今天也呈现出许多内在的问题，因此在社会主义国家中，发生了"苏东波"剧变❶和中国改革等现象。

　　大规模工业生产导致工厂地区消耗了大量的自然资源，空气和水都被严重污染；工厂地区的工人居住区生活条件也非常恶劣。凡此对自然环境造成的损害，也是工业化逐渐发展之后，每一个工业国家不能避免的灾害。19世纪以来，面对青山翠谷布满乌烟瘴气，许多文学创作者为此悲叹；社会运动也不断地要求在生产与生活之间必须有一定的平衡，不能为了生产物质商品而损害了人类维持生活的自然条件。

---

❶ "苏东波"剧变：又称东欧剧变，指1990年前后发生在苏联和东欧社会主义国家的一系列政治经济体制剧变。

资本主义的危机亟待国家制度的改进和匡正

一方面，劳资不公平造成社会的不公不义；另一方面，工业生产对自然环境造成了严重的毁损。到20世纪时，工业生产成为许多有识之士关切和抗议的课题。除了社会主义革命在许多地方发生以外，工会运动❶和挽救环境的绿色革命运动❷都是20世纪社会运动的主要形态。但是，因为政权与财富的结合非常密切，这些运动往往不能顺畅地发展。到今天，即使在民主政治已经有坚实基础的英国和美国，政权和两党政治中保守的一派还是常常以保护公民的自由权为理由，尽力阻挡公权力做种种政策上的矫正。以匡正上述弊病为主要诉求的另一端政治力量，或者自称自由主义者，或者自称进步主义者，或者自称工党运动者，却是不断希望通过民主政治选举和议会政治的立法，约束财富对政治的干预——关于这一类的课题，在后面还有更

---

❶ **工会运动**：工业革命之后，工人们逐渐联合起来，成立工会组织，发起要求改善工作环境、缩短工时、提高薪资等维护自身经济利益的斗争，后经济斗争逐渐与政治斗争结合，工会成为现代社会运动中的一支重要力量。

❷ **绿色革命运动**：20世纪60年代末期从北欧发展起来的一场社会运动，以环境保护、反核、可持续能源为主要诉求，后逐渐扩散到世界各国，并成立绿党组织，推动全球环保运动。

多的陈述。

英国在二战以后，工党长期执政，建立了一套社会福利制度；在欧洲其他国家，同样的社会福利制度得到普遍的支持。美国在罗斯福"新政❶"时期，制定"反托拉斯法❷"防止垄断企业的出现，以减少财富垄断市场的现象。同时，美国实行了社会福利基金制度，给一般公民起码的生活保障，使失业者和退休者都有基本的收入。奥巴马当政时努力推动全民医保，也是为了使社会中的穷而无告者不至于因为疾病而无钱可治。经过漫长的两个世纪，至少对内而言，资本主义市场经济的国家也已经知道，必须用民主的自决权对本来促进生产的动力有所约束，以避免其因为生产能力的扩大和成长而成为噬人的怪兽。

最近数十年来，世界各处的市场经济国家都有贫富悬殊越来越严重的现象。过去我们所谓"富者田连阡陌，穷者无立锥之地❸"——那是在以土地为生产资料的农业社会。

---

❶ 罗斯福"新政"：1933年富兰克林·罗斯福就任美国总统后，实行了一系列新的经济政策，以政府对经济的直接或间接干预为特征，缓解了大萧条引发的经济危机和社会矛盾。

❷ 反托拉斯法（Antitrust Law）：直译为反信托，美国最初颁布"反托拉斯法"的目的是要对抗商业信托，防止企业联合起来实行垄断的不正当竞争。

❸ 富者田连阡陌，穷者无立锥之地：语出汉代荀悦《汉纪·武帝纪四》，形容当时豪强兼并土地、百姓无法立足的社会贫富分化现象。

在今天的资本主义社会，贫富的悬殊已经到了严重的地步。以美国而论，财富分配金字塔顶端百分之一的富翁，拥有全国财富的百分之四十，而底层百分之二十五的人口却是室无余粮。这种倾斜如果不加以匡正，只会一天比一天严重，到了某一天，世界上将只有一小撮富人和一大批穷人。社会主义的理想曾经给过大家一个美梦，然而现在我们也知道，这个理想用孙中山先生的话来说是"病理学的诊断"，本身却不是医疗的良方。将来，我们如何能将这已经高度倾斜的不公，拉回到可以忍受的差异分配，值得我们每一个人好好地思考。

今天北欧各国的社会福利已经有比较完备的规模，而且社会福利和社区发展配套，也使得孤立的个人有所归属，我们将来在别处会有更多的讨论。

第三章

资本主义经济的弊病与矫正

自从亚当·斯密撰写《国富论》，替当时新兴的资本主义经济定下基调，大家都以为这个经济形态有其自我调整的机制。亚当·斯密所谓"看不见的手"，也就是市场价格随着供给和需求上下波动，最终会寻找到一个平衡点。从那时候到现在，这一古典经济理论❶面临过一些挑战，却也是在斯氏理论的基础上做修正，形成了新古典主义❷。经济理论的存在，是为了解释经济变动的现象，而根据这些解释，

---

❶ 古典经济理论（Classical Economics）：凯恩斯理论出现以前的经济思想主流学派，由亚当·斯密在1776年开创。

❷ 新古典主义经济学（Neoclassical Economics）：继承了古典经济学的立场，共同的主张是支持自由市场经济，个人理性选择，反对政府过度干预，反对凯恩斯主义经济学。创始人为英国经济学家阿尔弗雷德·马歇尔，在当代的代表人物包括哈耶克、弗里德曼等。

执政者可以做或大或小的调控。经济理论应当只是工具，不能当作铁则。因为经济形态变化多种多样，有许多外在的条件也影响到经济发展过程中的方向。既然人类社会如此复杂，世界上没有一种永远不变甚至只是长期不变的社会形态和生产方式，我们如何能够自以为找到了一个可以解释种种变化的经济理论呢？

资本主义经济的第一次全球大恐慌

资本主义兴起后，经过一百年左右，那些新兴的工业国家，例如美国和西欧几个国家，掌握了帝国主义发展必须夺取的资源。工业革命以后，生产力的跃升使得这些国家经济繁荣、人民生活富裕，至少达一个世纪。在第一次世界大战时，国与国之间的冲突，其实是在争夺资源和市场。第一次世界大战以后，欧洲国家中胜利的一方，例如英、法，又得到了进一步发展的机会；而失败的一方，例如德国，却必须寻求种种重建的途径，重振国家的力量。在东方，日本趁着大战之中东方市场上的空虚，应势而起成为东方第一个工业国家。于是，古典经济理论在胜利者的一方看上去又是无可指摘的发展指针。

可是，很快世界陷入第一次全球不景气，那也是资本主义经济体制第一次面临严重的考验。20 世纪二三十年代，欧美国家几乎同时发生了经济萎缩并面临崩溃。欧洲出现的经济萧条主要是在德国。第一次世界大战结束时，英国、法国为了惩罚德国，也可以说是为了解除德国再兴的潜力，通过停战和约将德国的生产力基本上限制了，还将德国拥有煤铁资源的阿尔萨斯、洛林❶两省交还法国。德国的工业被摧毁了，资源断绝了，德国面临空前的货币贬值，马克的币值落到谷底，百姓全面沦于贫穷。德国的经济崩溃牵动了欧洲全局，英、法也不能躲开德国经济崩溃的震撼。几乎用了二十年之久，欧洲的经济力量才重新复原。

在美国则是另外一个局面。第一次世界大战以后，大量欧洲移民迁入美国和加拿大。他们进入空旷而肥沃的内地开拓农场，用机器耕作大面积的田地，造就了空前的农业高产量。这些粮食和内陆的物资涌入市场，因为供过于求，农产品的价格被拉得极低。中国俗语所谓"谷贵殃民，谷贱伤农"，庞大的农村地区却是因为高产而导致经济几乎崩溃，大批百姓不再具有购买力，也拉垮了工业产品的市场。于是，工厂也面临商品滞销，不得不裁员减薪。在农民已

---

❶ 阿尔萨斯、洛林：法国东部靠近法、德边境的两个地区，因富含煤铁资源成为两国反复争夺的地区，历史上曾属法国，普法战争后被割让给德国，一战后回归法国，二战初期又被纳粹德国占领，战后被法国收回。

经没有购买力的情况下,劳工大众也失去了购买力,美国经济一落千丈。那些以贷款赢利的银行和以股票吸收资本的股票市场,一个个跟着破产。许多美国工商业者血本无归,失业的群众整日排队等候求职,却没有工作机会。

欧洲、美国的经济大恐慌,牵动了全世界的经济形势。欧战期间,中国和日本的新兴工业也曾一时得到发展机会,填补西方企业撤退后在东方留下的缺洞。但是,大恐慌的浪潮到来,东方的经济发展也受到了严重的冲击。日本因为要发展军事力量,国家公权力尽其一切资源,尤其是利用从中国掠夺的资源,帮助企业家发展重工业,因而奠定了日本二战之前和二战期间的战争力量。中国在那个夹缝期间,也发展了一些近代工业化的基础。然而,许多私营企业在大恐慌的冲击下,同样受到了严重的损害。

凯恩斯理论是对资本主义古典经济理论的一次重要修正

世界第一次经济恐慌,严重地考验了古典经济理论。供求之间的平衡到了一定的偏差时,那只"看不见的手"似乎已无法挽回颓势。德国矫正自己的经济恐慌是用国家的公权力,依仗"日耳曼精神"所支持的全民共同建国意志,居然重新建立了强大的生产能力。在这一基础上,希特勒终于发展了可以挑战英、美的军力基础。在德国重建的过程中，主权国家的威权体制乃是以全国力量支援经济发展的基础。国家给予许多政策上的优惠和鼓励，才使得生产可以在废墟上重建起来。这种国家干预的力量，绝对不是"看不见的手"。

美国罗斯福总统的"新政"，也是用国家力量刺激和推动经济发展。在大量劳动力失业的情况下，罗斯福推动公共建设，例如大型的田纳西水利工程和全面的修桥铺路。全国道路的重建，使得新式快速公路网从此密布全国。有些老城市的都市更新也是通过国家力量支持的巨大工程，以此来创造就业机会。这种做法很像中国传统"以工代赈"的救灾方法。只不过，这一巨大灾害不是天灾，而是过度扩张的人祸。

另一方面如上一章陈述，"新政"创设了今天的社会福利制度，使得穷而无告的国民都能在失业时不至于衣食无着，到了老年至少可以不虑温饱，得以安享余年。再者，"新政"时期国家制定了法律，监督企业和金融机构。用"反托拉斯法"，公权力可以限制大资本独占市场。同时，凭借同业互助、保险和国家保证存款等措施，中小企业可以互相合作渡过难关。国家依据法律密切地注视着企业界的行为，防止内线操作、互相哄抬、虚设账户等不法行为，对违法者施以惩戒。

田纳西水坝

为了应对经济萧条,资本主义各国对古典经济学的理论做了重大修正,国家公权力直接干预经济发展,在美国即是以罗斯福"新政"为代表。田纳西水坝就是"新政"的重要成果。

美国"新政"是非常清楚的"另外一只手",也就是用公权力直接干预经济发展。国家公权力的操作可以在不同的方面调节控制,避免经济发生过大的缺失损害,以此来维护全体国民的利益,也保障了国家的整体力量。

美国经济复苏,对于世界经济有极大的帮助。"新政"的措施依据的不是古典经济学理论,而是凯恩斯[1]的发展理论。到今天,凯恩斯理论和古典经济学理论之间还是互争雄长、互不相让。凯恩斯理论的基础是提高消费能力,以此创造更多的市场容量,再以此刺激生产。继续增长的生产力又可以吸收劳力,创造更多的就业机会。失业人数越少,就业人数越多,经济力量越大,发展的潜力也就越加强大。国家一时投入资金刺激发展和长期以国家财力支持社会福利的策略,从根本上说都是为了维持一般人民的生活,使他们具备一定的消费能力。

哈耶克的新自由主义理论

20世纪以前,现代货币还是以贵金属作为发行储备。

---

[1] 约翰·梅纳德·凯恩斯(John Maynard Keynes,1883—1946):英国经济学家,现代西方经济学最有影响的经济学家之一,提倡国家直接干预经济,其理论影响力持续至今。

中国传统上是以白银作为储备，西方则往往以黄金作为储备。在"大恐慌"以后，美国国库不能再以有限的货币发行量输入经济体制，强制推动经济发展。于是，政府通过中央银行——联邦储备银行——调控货币的发行量：在货币量太少时降低利率，释出大量货币；在货币过多时，为了避免通货膨胀，政府以高利率收回流通的货币。这一套货币控制的机制，可以说使政府掌握了控制水龙头开关的权力。放出多少货币量，容许多大的经济增长率，都掌握在公权力手上。这种做法使公权力主导了经济，对于以自由主义为基础的古典经济学理论来说，却剥夺了一般人民从竞争中求取发展的基本自由。

到今天，美国保守的自由主义者还以保护自由为主要诉求，力求约束政府干预的权力。相对而言，以社会公平、公义为诉求的人士，却主张维护一般老百姓的利益。他们坚持国家必须通过公权力将财富重新分配，使一般老百姓无生活之虑。英国保守党、工党之间，美国共和、民主两党之间，其争执的重点也无非是这两种主张。

哈耶克的理论则另辟蹊径：一方面坚持人民有发展的自由，任何政府干预最后都会导致权力的倾斜，人民最终会沦为国家的奴隶；另一方面，哈耶克坚持民主政治，主张以法律来保证民主政治的顺畅运作和人民的基本权利。哈耶克原是经济学家，后来他的理论结构逐渐超越经济领

弗里德里希·奥古斯特·冯·哈耶克（Friedrich August von Hayek，1899—1992）

奥地利裔英国经济学家、政治哲学家，以坚持自由市场资本主义著称。

域，发展成为一整套的法律和民主理论。

从古典经济学到凯恩斯理论再到哈耶克的理论，学者们对于现代资本主义经济不断地界定，也不断地因应新的形势而提出新的解释。几十年来，大家都不断地在放任的自由经济和公权力的干预之间，试图寻找一个可运作的平衡点。与这些理论相对的，则是社会主义的革命论——经过革命取得政权，再以公权力完全支配经济发展和财富分配。马克思发表了《资本论》后，在第一次世界大战后有了苏联的实验；第二次世界大战后，更有不少国家建立社会主义政权。这几次实验的结果，引起了世界对社会主义的重新思考和修正。

在这一章，我们从人类历史上第一次全球经济大恐慌说起，主要目的是要说明经济体制的复杂性。任何纯理性的理论都不足以解释和应付经济实体的变化。下一章我们将要讨论的是，目前我们面对的是什么样的经济形态和其可能变化的方向。

第四章

资本主义经济最近发生的问题

二战以后资本主义发展的历程

第二次世界大战又是一次翻天覆地的重新洗牌。战后，美国成为主要的生产者。欧洲到欧盟❶一体化以后，才几乎跟美国的实力相当。而新兴的一些经济体，最近集中在中国、巴西、印度和俄罗斯。日本在第二次世界大战以后成为美国的附庸，不仅在军事上依赖美国的保护，其经济发展模式也和美国的战后经济完全配套。

美国能够一跃成为世界的主要经济体，一是因为二战期间美国本土没有承受战祸，二是战后美国帮助欧洲复兴，

---

❶ 欧盟：欧洲联盟，是当今世界最大的政治经济一体化组织，由1967年成立的欧共体发展而来，正式成立于1993年，现拥有27个成员国。

也帮助日本重建——于是，美国的生产力得以将全世界作为其市场。欧洲那些老的工业国家，在马歇尔计划❶以后很快复原，尤其是德国，即使经历东、西德的分裂，还是取得了惊人的成绩。

苏联这个社会主义国家，在二战期间迅速地构建了一支强大的军事力量，击败了东进的德国军队。这一成绩说明，一个集权政权可以将全部力量集中起来建设军备。在战后，苏联除拥有自己的领土以外，还建立起在东欧的霸权。然而在冷战期间，苏联领导的社会主义集团，终于在军备竞争上无法与美国领导的资本主义集团对抗，以致有了"苏东波"事件，苏联瓦解为旧日的俄罗斯和一些独立的小国。战后长期的冷战对抗，显示了集权主义在经济发展上的弱点：权力太集中了，一切决定都由一个中央做出，中央独揽大权。执政团体内部的权力集中，使得这个庞大团体的各部分除了听命以外，没有因应变化而调节的能力。

于是，冷战的结果似乎说明了资本主义经济的特色：经济体中的个人，由于其决定是自由的，而且所获利润是属于自己的，个人的工作积极性可随时因应变化而做出调节，进而使得由许多个人组合成的经济体能随时面对需要而做出

---

❶ 马歇尔计划：又称欧洲复兴计划，是二战后美国对被战争破坏的西欧各国进行经济援助、协助重建的计划，因时任美国国务卿乔治·马歇尔首先提出该计划方案而得名。

必要的调整。

在里根当政时期，美国的政策是依据新古典经济学理论制定的。那个所谓"供给面"的经济政策和凯恩斯的"消费面"经济理论，代表一正一反两个极端。里根时代冷战即将结束，苏联落了下风，于是大家都以为资本主义的经济确实应该回到亚当·斯密原来提出的特色上来。美国的货币政策和国家力量在里根时代前后，都跟着这一原则制定其调控方向。

所谓供给面的经济，乃是将经济发展的主动权放在投资者手里。哪里有利可图资本就往哪里投，由此形成的经济力就会增加许多工作机会，让劳动力有充分就业的机会，社会上总的收入也就增加了。在这个方向上，资本主义的经济必须依靠大量资金的投入，以博取大量的收益。

回头看看，以美国为例，战后美国经济的迅速扩充，确实需要大量的资金投入。货币供给量不够时，就以创造信用的方式透支资金，等收益落实以后，再回垫资金。二战以后，从战场回来的军人纷纷成家立业，他们都要购买住宅，购屋的经费全靠贷款，然后分期偿还。这就是一种信用制度，用中国的成语来说就是"寅吃卯粮"。为了供给这些房屋需求，建筑业、建材业、运输业等行业都增加了许多就业机会。对总的经济体而言，则是从"承诺"开始，等发展以后才落实"承诺"，创造了资本财产。

我们去向何方

罗纳德·威尔逊·里根（Ronald Wilson Reagan，1911—2004）
里根推行的经济政策被称为"供给面经济学"，也称"里根经济学"，通过全面减税、缩小政府规模、减少对商业的管制，让自由市场机制自动修正美国所面临的问题。这一措施取得良好的成效，也为里根带来巨大的声誉，他被美国人认为是20世纪美国最杰出的总统之一。

信用的泛滥引发资本主义经济的重大危机

20世纪60年代以后,本来已经存在的信用卡制度迅速扩张。过去只是具有特殊财力的一些人士才能得到透支现款的信用权。到60年代末,过去被当作特权的卡片性质改变了,许多人拥有了代替现金延期支付的信用卡,一个人能够消费的可以数倍于他自己的真实财力。每个消费者不断延缓其支付期限,于是大家都用空头的承诺透支消费品,厂商和商店则以这些承诺作为支付其上游链条的另一个"承诺"。虽然一个经济体的实际货币流通量并不大,但经过信用的膨胀后,可以造成虚胖的泡沫。

吹肥皂泡的小孩都知道,任何泡沫都有可能随时破裂。美国的庞大经济体经历了从60年代到80年代将近20年之久,这一虚胖的泡沫时时有破裂的迹象。不过,各处金融界尽力维护这个泡沫,使其不致破裂。他们又运用了许多手段,将快要破裂的虚账包装,例如次级房贷❶就是这种包装起来的虚账典型。到了最后,房地产交易最火的地方,

---

❶ 次级房贷:全称为次级房屋抵押贷款,指贷款机构向信用程度较差或收入较低的借款人提供的贷款。次贷市场的迅速发展,引发房地产市场大幅升温,借款人无法按时偿还贷款,危及金融市场的健康发展,这也是2008年以来美国次贷危机暴发的原因。

例如加州，就首先见到了泡沫经济的破灭。

另一种虚假的泡沫，则是股票市场。股份有限公司制度，原来是集合资本形成一定的规模，去做较为长期的大规模投资。在近代经济制度开始前，类似股份有限公司的组织已经存在。例如，地中海地区商业城市的商家会集合一些资本，共同进行海外贸易。经过长程运输将海外商货运到市场时，利润是很大的，然而风险也不小，甚至可能因为海难或其他缘故而血本无归。这种有风险的贸易行为很难由少数个人承担，必须依靠很多人的资本结合在一起，做共同的冒险，也共享丰厚的利润。美国早期的开发也是靠股份有限公司投入资金，建筑铁路、开发矿产等。最初的股份可能是在熟识的朋友之间流转，但等到社会上的一般大众也有了一点储蓄时，美国的股票市场就出现了，将这些散在各处的游资，通过购买零碎的股权，集中为可用的庞大资金。

股票市场的这种功能，使一般的平民百姓也有了通过投资获利的机会。这种方式甚至可以说是致富机会的民主化，原意未尝不好。只是到了后来，股票市场的交易不再是某一个公司的几张股票，而是一大堆基金将许多股票拆散，团成一团，在这一大团中间每人分一小块，其中包含许多公司的一小块股权。这种共有基金的操作权在于金融业和股票商，那些零碎的散户根本就不知道自己有哪一家公

第四章 资本主义经济最近发生的问题

美国纽约股票交易所

股票市场的出现,使信用越加泛滥,股东无法对自己的资金做有效的监管,成为资本主义的隐患。

司千万分之一的股权。股份有限公司本来的运作是由经理人负责经营，股东们定期聚会、时时监督。在股东们已经分散，谁也不知道自己的股份在哪里的时候，所谓的股东监督根本就不存在。于是，经理人掌握了庞大资金的使用权。为了表现出良好的业绩，许多经理人做种种运作，包括造假账、内线交易等。股票市场上的短线操作也代替了投资利润，成为股票经营者的主要操纵点。

最近半个世纪，世界各地的经济正在走向全球化，全世界有很多的证券交易市场分布在各处。在今天信息非常发达的时代，资金的调动可以在几秒钟之内通过键盘操作转移到远处。那些靠股票经营谋利的银行家和股票商，可以完全靠信用在24小时内灵活地转换资金，在全球各处的股票市场轮流投资。第二天结账时，他没有拿出一文真正的资本，却可以获得巨利。这种行为也是所谓资金膨胀的另一种现象。更何况，还有许多假借"私募基金❶"名称出现的虚设基金，那就更是明目张胆的欺骗了。

资本主义的积极运作，本来就建立在人与人之间的互信之上。所谓"信用"，就是一个人对另外一个人的承诺，

---

❶ **私募基金**：又称私人股权投资，指任何一种不能在股票市场自由交易的股权资产的投资，主要通过非公开方式面向少数机构或个人投资者募集。

是要具体兑现的。在上述两种现象发生时,"信用"成了幌子。资本主义经济的基础由于"信用"的泛滥,时时面临崩盘的危机。

经济全球化时代资本主义的弊病越加凸显

20世纪下半叶以来,经济全球化成为无法避免的事实。《国富论》时代的经济是以"国"为单位的。一个国家的主权之内,可以用关税保护自己的产业,也可以通过货币发行量调节自己的通货。于是,经济发展的成果国民可以共享,国家也有权力征取税收,将经济增长的利润分配给弱势国民。然而今天,世界经济已经成为一个整合的大网络。投资者的资金来自甲国,生产的基地却在乙国,甲国可以利用乙国的低工资降低成本,获得更多的利润。于是,甲国的劳工失去了职业。甲国的投资者获得的收益又在全球化的背景下流窜至各处。很少有政府能够追踪那些大量资金的所在,更不要说征收厚利的重税,将利润均摊在社会福利上,使贫穷无靠的人也能够生活。

从这几个方面来看,20世纪下半叶确实是一个转变的关口。古典经济学理论描述的资本主义市场经济,已不是由那只"看不见的手"在操纵,而是由那些银行家、股票商和敢于投机的冒险家,共同形成许多"看得见的手"在操控。而且，无人能够对他们有所管束。资本主义的市场经济不再建立在个人的自由权上，而是建立在各种投机取巧的操作上。

　　现代主流文明的重要支柱之一，是资本主义经济的运作。现在看来，这一支柱已经变成一头吞噬金钱的怪兽。这一制度的变质将是对现代主流文明的一个巨大伤害。过去认为，社会主义可以矫正资本主义的缺失。许多有志之士也不断地投入心力，希望经过社会主义矫正资本主义的缺失。现在看来，原来构想的社会主义并不足以承担此责。将来如何在这两个制度之间寻找到一条新的出路，将是对我们人类命运的最大考验。

第五章

西欧和美国民主化的历史过程

一般认为，西欧的民主化是从希腊城邦传统延伸发展而来的。究其实际，希腊的城邦，例如雅典，固然是一种民主制度，但其民主实际上仅限于征服族群的内部。他们占领了一片土地，原来的族群成员在城邦之内以公民身份管理权力的核心，城邦外的原居民就沦为附属族群，并没有权利参与城邦的民主体制；城邦内的奴隶为数众多，更是没有任何公民的权利可言。

这种征服族群群内的民主，乃是从战斗部落的军事民主制❶延续而来。在欧亚大陆中间，经过数千年扩散的雅

---

❶ 军事民主制：人类在氏族社会时期曾普遍出现的一种社会制度，部落内实行民主制，由氏族成年男子组成的人民大会拥有最高权力，部落领袖则由人民大会推选产生，战时负有领军的责任。

利安人❶在各处落户以后，很多组织为民主城邦，也有一些成了实行贵族寡头政治❷的王国，这些背景和后世的民主理念关系不大。当然，希腊哲人关于自由和人权的讨论，与民主城邦的背景有相当大的关系。不过，他们讨论的人权，基本上属于当权阶层中有限人口的权利。

在西欧启蒙时代，神学理论必须有所改变。一些思想家提出的民主理念，以"人"的权利作为讨论的主轴。这些理念的落实，是在近代国家形成的过程中，逐渐通过观念与实际发展的互相叠合，最终构成一整套国家与公民权利的理论体系。

从英、美、法三个国家的发展历史来看，英、美两国经历的民主化，乃是统治者与纳税人之间互相磨合才得到的结果。

英国的民主化历程

英国的民主化开始最早，也有其一定的历史背景。英伦三岛面积不大，地居欧陆的西边。中古以来，一批批蛮

---

❶ 雅利安人：原居于俄罗斯南部和中亚的古代游牧民族，被公认为印欧语系民族的祖先，后分布于从印度到欧洲的亚欧大陆广大地区。

❷ 寡头政治：指由少数几个贵族集团掌握政权的政府组织形式，古希腊的雅典城邦在梭伦改革前是这一政体的代表。

族移民因不同的情况进入英伦三岛。因此,当地的族群成分相当复杂,有多种族群犬牙交错共同在此居住。后来者往往以征服者的身份凌驾于原居族群之上。但是,他们也未必能以武力完全掌控岛上各族群,例如,11世纪的诺曼人❶从北欧侵入英伦,该地已经有最早到达的凯尔特人❷和盎格鲁-撒克逊人❸。这些原来的族群都保持着相当凝聚的实力,他们可以接受诺曼人为君主,但君主不能随意向他们要求朝贡纳税。诺曼君主为了在欧洲大陆上争取地位或是参加战争,每一次要兵要粮都必须取得这些原居大族的同意。

  1215年,英王与贵族们订立的《大宪章》,就是君主与贵族之间的协定。其中约定的权利并非一般的人权问题,而是取予之间的讨价还价,然后行之于文字,作为彼此的约定。此后,又经过君臣之间数次确认,其法律地位才得以确立。1258年与1259年,在《大宪章》的条款上又增加了许多约定,形成了新的法案,英国历史上称为《权利法

---

❶ 诺曼人:又称维京人,北欧海盗,公元8—11世纪足迹遍及欧洲大陆及北极地域,因影响至大,欧洲这一时期也被称为"维京时期"。
❷ 凯尔特人:欧洲古民族之一,主要居住在今日的不列颠群岛和法国西北部的布列塔尼地区。
❸ 盎格鲁-撒克逊人:从公元5世纪初到1066年"诺曼征服"这段时期内生活在大不列颠岛东部和南部地区一些民族的统称,语言以日耳曼方言为主,拥有相近的文化习俗。

案》，其实该法案只是《大宪章》同一精神的延伸。其中包括政府不能随意拘捕人民，逮捕与起诉都必须经过合法的程序。又例如，王室派遣的法官不能忽视当地法和习惯法，随意审判当地居民。后来又从这个基础上发展出习惯法的陪审团制度。也就是说，是非曲直的标准必须根据当地的民情风俗和习惯，以此来裁定案犯的责任。因此，以《大宪章》为基础，英国人民开始寻求对于人身、财产和参政等各项权利的保障。

在同一观念上，英国树立了议会的合法统治权，以此保持君主与各贵族领袖之间长期的稳定关系。一切立法都要经过议会的同意才能发生效力。前近代时期，英国已经有了一系列的经济发展，庶民、地主和城市资产者，实际掌握了相当数量的财富。政府要求他们纳税，他们则要求相对的参政权利。这些非贵族的乡绅和资产阶级成为议会下院的成员。经济发展日渐将财富转移到这个阶层手上，他们的发言权也就更大了。于是，英国下议院的权力慢慢超过贵族组成的上议院。

17世纪，欧洲正在民族国家的形成过程中，许多国家卷入了宗教战争。英国也不能自立于长期的国际动乱，国家必须获得新兴资产阶级的支持，才能在这种斗争中纵横捭阖。英王一次又一次提出增税的要求，也一次又一次向乡绅和城市资产者让步。最后摊牌的结果众所周知：1645

第五章　西欧和美国民主化的历史过程

《大宪章》

1215年6月15日，英国金雀花王朝国王约翰王在大封建领主、教士、骑士和城市市民的联合压力下被迫签署《大宪章》。

年，克伦威尔领导的国会军击败了王室军队；1688年经过议会下议院的审判，英王詹姆士二世被处死，英国成为议会统治的国家——是为"光荣革命❶"。

克伦威尔死后，王室固然复辟了，但是议会掌握的权力并没有让出来。从此以后，英国的真正统治者乃是议会，而不是王室。这一次大变化以实力决定了英国的民主体制：皇权不是神授，而是经过国民同意的国体象征。人民的权利，包括法律上的人身保护和"无代表，不纳税❷"的原则，从此成为英国民主的实际内容。后来，王朝的屡次改变都由议会主导，在皇亲之中找到最没有力量的后裔接任王位。他们必须向议会低头，才能够安稳地戴上王冠，坐在王座上。四百年来，直到今天英王都只是一个扮演领导者的演员。

美国民主化的背景与历程

至于美国的民主化，当然和它的建国过程密不可分。

---

❶ 光荣革命：1688年，为防止天主教在英国复辟，英国资产阶级和新贵族发动的政变。因采取非暴力手段，是和平革命，被后世历史学家称为"光荣革命"。

❷ 无代表，不纳税：最初被广泛用于北美殖民地反对英国统治的口号中，因为在英国议会中没有北美殖民地的代表，所以任何关于殖民地税收的法律都应该是违宪的。这一口号引爆了后来的美国独立战争，今天已经成为被广为信奉的现代国家宪政原则。

英国在北美的十三个殖民地，都是由一般老百姓建立的。他们或者是因为宗教信仰寻找新的地方安家立户，或者是较为穷困的人民来到新大陆寻求财富。在这片新土地上，从英国来的殖民者组织了社区，处理自己的事情。大家都是初来乍到，只有取得协调才能彼此合作，共同开发新资源。在扩张过程中，各地也逐渐分化为不同的贫富阶层，有大的地主和商人，也有一般的商户与农民。英国往各殖民地派遣一些管理者，但驻军并不多，殖民当局的实际权力也不大。英国政府将殖民地当作英国领土，也向当地人征税，但每次分配税额，都会遭到抗拒。累积的矛盾终于因为印花税的问题，激化为当地殖民者的全面反抗。

在美国的革命运动中，领导者都是当地有地位的人物，在南方是大农庄的地主，在北方是大城市的工商业者。他们分别领导自己地区的老百姓组成的民兵，并最终击败了英国的驻军。1776年，美国独立革命成功，建立了一个全新的国家，在此规划了公民协议的统治机制。在建构自己的政府时，他们将英国民主建制的结构移植到美国。不过，美国没有贵族院，参议院由十三州的代表组成，以保障每一州参加联邦的权利；真正的实权则掌握在众议院手上，按照人口比例选出代表。参议院执掌对外交涉和国防事宜的同意权，众议院掌握征税和决定政府预算的权力。那些当选为参众两院议员的人物，其实就是各地的地主和大商户。

投票者以有纳税能力的资产者为主,并不是全民投票,甚至妇女也没有投票权。

美国在设计自己的政府制度时,将民主理念放在了《独立宣言》和宪法的序章中,特别提出人民拥有决定自己命运的权利,而且人民的权利是"不言而喻"的。这是人类历史上第一次重要的实验,将实际局面决定的情况配合要求人权的理想,作为一个政权权力合法的基础。在美国宪法中,除了正文确定人民应有的许多权利以外,又特别添加了一些附加条款(宪法修正案),以确实保障人民有反抗暴政和不自证其罪的权利等。这一宪法落实了启蒙时代所说的"国家权力是人民和国家之间的契约"的精神。十三州和联邦政府之间,州权与中央权力的如何分配,从立国以来就是美国政治上的重要课题,至今依然如此。

美国人民投票权的逐渐扩大也不是一蹴而就的。第一步的改善,是将资产与投票权分开,凡是公民都可以投票。但实质上并非如此,例如,妇女长久以来没有取得合法的选举权,也没有独立的财产权。1848年,美国妇女开始争取自己的权利,尤其是她们的参政权。经过一百多年的努力,到今天才完全落实。20世纪50年代我初到美国时,妇女虽然有投票权了,但真正去投票的人还是以男性为主。非裔美国人(黑奴的子孙)为了争取应有的参政权和其他权利,一次又一次发起民权运动❶。从实际的运作来看，奥巴马是第一位黑人总统，而至今还没有妇女担任过总统或是副总统的职务。在南方地区，至今黑人的权利还是不能和白人相比。有若干南方州，当地的大姓占有州长、参议员、众议员、地方议员和县市首长等重要职位，形同世袭。我在美国生活了半个世纪，过去国会的结构中，其成员没有显著的世袭现象，而在今天的国会里，传袭两三代的家族已经不是少数。

美国选举在20世纪中叶开始变化，蜕变成借用商品推销行为的事业。参选者必须投入大量的资金，组织各种参选工作。一般政治人物无法支持自己的参选，他们必须仰赖大财团在幕后支付选举费用。当选以后，大多数政治人物不得不接受财团的要求，替他们谋取特殊利益，或者将特殊利益合法化。金权与政权的互相渗透，已经是今天美国政治的普遍现象，相应地也将民主精神恶质化了。原本选民人数增加，民主的基础应当更为坚实。然而，一个堪称吊诡的现象已经出现：选民的人数越来越庞大，相伴而至的

---

❶ 民权运动：兴起于20世纪50年代中期的群众运动，主要是美国黑人反对种族隔离与歧视、争取与白人平等的权利。运动最终促成了美国南方废除实行了一个世纪的种族隔离制度，并在全美推动了黑人与白人的平权。

我们去向何方

美国历史上第一次电视辩论

1960 年尼克松与肯尼迪的电视辩论，是美国总统竞选历史上第一次电视辩论。

则是选民本身的质量相对降低。许多有选票的选民有权利却不知如何使用，甚至不认真使用自己的权利——一群质素不高的选民，成为金权侵夺政权时最脆弱的切入点。这一吊诡的现象不仅在美国政治中出现，在许多新兴民主国家的发展过程中也一样令人担忧。

法国的民主化历程

1789年的法国大革命，乃是近代经济发展之后城市中贫富悬殊现象所导致的结果。城市中的大批贫穷人口衣食无着，在大革命的时候成为暴民，在法国的核心——巴黎——掀起了大型暴力革命。当时法国的政府结构中，有一个三级议会，由贵族、教士和一般资产者共同组成，但他们没有真正的权力来制衡高涨的王权。如上一章所说，法国革命的过程为时甚久，有过缺乏理性的暴民革命，也有过强人政治，几度反复。两百年来，从第一共和国到第五共和国不断修正。到今天，法国的政治局面还是常常不安定。今天的法国议会是由许多小党选出的议员组成的，没有长期执政的大党。于是，在组织联合政府的过程中，政治人物彼此讨价还价，以获得短期的执政权。这些现象使得政客有可乘之机，将金权与政权彼此勾结。今天法国政府官员的操守，在欧洲被列入下乘。法国新宪法下的总统拥有庞大的权力，足以挟持总理，却又不必向国会负责，于是政局不稳，又可能开启强人政治，夺取权柄。

　　这三个国家的民主化过程，原本的构想乃是尽力防范政府侵犯人民的权利，防范国家侵犯地方社区的自主。而到今天，这几个民主政体国家都逐渐出现结构上的弊病，导致民主政治的衰坏。本章是从结构上陈述其发展过程，下一章则要讨论到民主理论本身，那也是一个重要的课题。我们必须找到真正的理论基础，才有可能纠正结构上出现的弊端。

第六章

现代国家的形式与运作（上）

在上一章谈到近代的几次大革命，及其对于现代国家政治制度的影响，现在来讨论现代国家的体制和运作功能。

现代民主政体产生的历史背景

在近代以前的欧洲历史上，有两个庞大的秩序笼罩在国家共同体上：一个是天主教廷的超越秩序❶；另一个是在古代罗马帝国记忆上重建的封建秩序，称为神圣罗马帝

---

❶ **超越秩序**：近代宗教革命以前的欧洲，世俗权力掌握在各国国王手中，而在世俗权力之上，罗马天主教廷控制着各国教会，行使教权，形成了一个政教两立的分权体制。

我们去向何方

国[1]。在这两大权威秩序之下，任何地方政权和各个国家的权威都打了折扣，国家也并不是我们今天认识的这种共同体。

经过宗教改革，天主教廷的秩序垮了一半；而经过上一章所说的几次大革命，神圣罗马帝国完全消失。今天的国家体制，在两大秩序都失去其本来的威权以后，才成为西方社会中几乎最重要的共同体——国家成为公民的归属和认同，也是其共同生活的纪律和经济发展的支撑者。我们可以将这些国家大概分成两类：一类是根据族群先设的共同体意识，同一族群的人组织为一个国家。这个共同体之内，理论上所有成员都属于同一族群，已经长久地结合为一体，只是在前述两大秩序之下，民众不能完全决定自己的生活方式，国家也不是全族群唯一效忠的对象。这一类国家就是政治学意义上的"民族国家"，具有主权、领土和人民等要素，人民归属的原因是族群的"类血缘"，因此社会和国家基本上是二位一体。另一类则是公民经过革命或协议共同决定一个政体，国家与人民之间乃是合议的结

---

[1] 神圣罗马帝国（962—1806）：德国历史上的第一帝国。在存在的大部分时间里，神圣罗马帝国实际是一个由西欧和中欧数百个公国、侯国、贵族领地和帝国自由城市等组成的松散的政治联合体，共同奉帝国皇帝为最高权威。

合，这就是今天所谓的"民主政体"。经过宗教革命之后，若干国家解除了教廷的超国家结构，也将世俗权力和神权分开。至于国家民主化的过程，经过上一章所谈的几次大革命后产生的新的国家体制，也就是今天世界各地最常见的代议政体，还正在继续演化之中。这个演化过程不会终止，之所以发生演化，是因为有许多问题出现，必须时时加以调整。

启蒙时代关于民主政治的核心思想，乃是卢梭提出的"社会契约论"：人民共同达成协议，组成一个国家，这个群体与国民之间有明确的约定，群体的功能则是保护国民的人权和为国民的生存与安全服务。这个"社会契约论"的观点落实在历史过程中，则是英、美、瑞士三次大革命。

英、美、瑞士三种民主政体的比较

英国的革命发生得最早。英国的国教体制早已经脱离了天主教廷的约束。克伦威尔领导的光荣革命，抹去了君主政体的威权，留下来的则是议会实质上统治英国，英王只是国家权力的一个象征而已。从光荣革命到今天，英国王室通过几次改朝换代形成了传统——王室没有权力，只是国家主权的象征；君主统而不治，实际的统治权在民选的下议院。另外，那个贵族的上议院也只是象征性的存在而已。

在这个政体中，议会的多数党领袖出任内阁总理（或称首相），组成一个统治国家的实体，但是少数党还是可以随时制衡多数党。议会通过的法律，后法高于前法，实质上就意味着国民经过代议士（议员）不断修正、不断形成一个国民与政府之间的新合约。在内阁制之下，如果有些议案不能通过，造成了政府无法统治的局面，总理可以要求解散国会，以诉诸民意，由新的民意产生新的议员群，在新的议会中组成新的政府。这一机制有随时调节的功能。当然，也可能出现一个长期执政的多数党，将少数党的制衡作用降到最低。关于这些不同体制的讨论，我们将在后文进行。

另一次革命则是美国的独立革命。1776年，英国政府不经新大陆人民的同意强制征税，新大陆的人民认为他们也应当有推选议员、参与政府决策的权利，而在那时的体制下，殖民地并没有自己的代表参加议会的运作。由此爆发的革命中，新大陆的民兵击败了英国的军队，自己成立了新的国家，也就是"美利坚合众国"。

这个新的国家在一片空白上，平地建构了一个新的体制，甚至可以说是人类第一次在完全没有历史经验的基础上，进行组织国家的大实验。美国的政治体制，是总统制与议会制的结合。革命的领导者华盛顿在革命成功后，拒绝接受国王的王冠，而且在自己的任期结束以后飘然下野，为世界留下一个前所未有的范例。

在华盛顿和他的革命同伴们，尤其是杰斐逊和富兰克林的共同努力下，制定了新的宪法，开宗明义就声明这个国家的建立是为了落实国民追求幸福的权利。宪法条款中，陈述了三种权力的分配和彼此制衡，也陈述了联邦政体下联邦政府与地方政府之间权力的平衡。除了宪法正文以外，还特别加上许多修正案，强调公民不可侵犯的人权。例如第四条，不经合法的程序，司法当局不能拘捕国民；又如第五条，国民不能自证其罪。这一部宪法可以说是第一部公民与国家之间的合约。

在这个总统制的国家里，总统是国家实质上的统治者，他掌握的是行政权。议会中的参议院由各州分别选出两名参议员，他们的职责是监督行政权，尤其是对外关系和国防事务，不经参议院的同意，总统不能执行其提出的政策。众议院则是按人口比例选出的议会，所有国家大政尤其是征税和预算，必须众议院通过后，总统才能付诸实行。由总统提名候选人、参议院核定后产生的九位大法官，合组为最高法院。最高法院的主要任务是对行政权与立法权之间，或联邦政府与州政府之间，甚至人民与政府之间的种种有关是否符合宪法的问题，按照宪法的精神做一裁决。这三权鼎立的政府体制后来也在各国出现，成为内阁制之外另一种常见的民主政体。

我们去向何方

1868 年美国参议院弹劾总统安德鲁·约翰逊时的入场券

1787 年的《美利坚合众国宪法》确立了三权分立的美国政治体制，行政、立法、司法三权之间互相制衡，没有一权可以独大。这一政体设计及其实践对美国影响深远。

英、美两国的历史发展有一个类似的背景：它们都不是单一族群构成的共同体。如前面已经提到过的，英伦三岛之内至少有三大族群移入，他们必须在窄小的空间里学习共存共容。斗争没法解决问题，王权的独尊也不能得到所有族群的拥护。美国则是在十三个背景不同、环境不同的殖民地上，由不同来源的移民，在独立战争以后寻求妥当的方式，结合为一体，构成一个新的国家。这个国家的权威是建立在公民经过民主程序所制定的宪法的基础上的。

西欧还有一些类似的政体。例如17世纪《威斯特伐利亚和约》签订后出现的国家，其中有些是单一族群的民族国家，也有一些是若干族群经过协议组织的一个共同体。比较显著的是瑞士。这个山地国家有法语、德语和意大利语三种语言的后代，在崎岖的山区内建立了二十多个社区，由于地形的限制，外围的大国都无法真正在山地建立有效的统治权。16世纪中叶，茨温利[1]和加尔文[2]领导的宗教改革在这个山区建立的新教教派是其中最自由的一支。由于他

---

[1] 茨温利（Huldrych Zwingli，1484—1531）：瑞士宗教改革家，1522年起以苏黎世为中心展开宗教改革活动，发表《六十七条论纲》，否定罗马教皇的权威、反对出售赎罪券等。

[2] 加尔文（John Calvin，1509—1564）：法国宗教改革家、神学家，基督教新教加尔文派（在法国称胡格诺派）创始人，继承茨温利成为瑞士宗教改革的领袖。

们僻居山区，山外的封建领主们无法把他们纳入封建体系。在西欧的封建和宗教秩序之中，这些瑞士山区农民实际上早就拥有了相当的自主权。

瑞士政治制度经过两百年左右的酝酿和改变，于1848年以后确立了他们的联邦制度：瑞士拥有二十六个邦，其中有六个是半邦（所谓"半邦"，不仅是这个邦与其他邦不一样，而且本邦之内还有两个互不相属的族群，因此称为"半邦"），每个邦都有充分的自治权，除了国防、外交和区域间的交通以外，每个邦都自己管自己的事情。瑞士的公民都通过直接投票决定本邦的事务，二十六个邦各自选出代表参加联邦院，公民直接投票产生的代表则组成联邦的国民院。两院联合选出七名部长，再由这些部长选出一个联邦主席，主持联邦会议，决定政务。各邦之内有自己的宪法，而且许多邦自称为"国家"，联邦的宪法则是说明对联邦权力的限制。瑞士的政治制度在1848年以后才具体落实，其中可能抄袭了英、美两国的制度，综合成为新的联邦制。这个合议的民主政体，可谓现今世界上最接近直接民主制度的体制。因为每一个邦的人口都不多，疆域也不大，每一邦的公民不过数十万人，人民直接参与政务的程度其实不低。

英、美、瑞士代表的民主体制，乃是今天世界上国家组织的常态。第一次世界大战后，欧洲若干虚君立宪的国家都多多少少重组成这种形态。第二次世界大战后，全世界许多本来是西方帝国主义殖民地的地区纷纷独立建国，它们在模式上基本是模仿这一类民主国家。

对民主政体的抄袭并不能保证民主政治的运作

然而，很多国家对民主政体的抄袭不过是一个形式，并没有真正落实。例如，印度完全抄袭了英国的体制，但是印度的政体至今没有形成公平有效的民主体制：有钱有势的精英实质上垄断了政权；长期存在的种姓制度❶，也使得印度下层社会的公民几乎完全没有发言权。另一个模仿英国制度的国家是新加坡。新加坡的人民行动党一枝独秀，使少数党的出现变得非常困难。该党在李光耀❷的领导下确实做得不错，但是人民并没有言论自由，更不具备其他国家人民运用自由意志选择政权的条件。

---

❶ 种姓制度：曾在印度和南亚其他地区广泛存在的一种社会制度，由婆罗门、刹帝利、吠陀、首陀罗四个等级森严的层级构成。当今印度在法律上虽已废除此制度，但在实际社会运作中它仍扮演着重要角色。

❷ 李光耀（1923—2015）：1959—1990年任新加坡总理，卸任后长期担任内阁资政，对新加坡立国后的政治经济有极大影响，被称为新加坡国父。

仿照美国制度组织的政体，以菲律宾为例。2013年5月菲律宾大选，结果过去诞生过三任总统的阀阅世家实质上占据了所有重要位置。总统、议会议员、马尼拉市长，分别由过去三任总统的亲属或亲信担当。那些政治集团过去都有贪渎、无能的劣绩，可是他们垄断了权力，无论政权如何转移，都不过是在他们手中轮流而已。美国政治制度中的三权制衡和内外平衡，在菲律宾都看不见——中南美许多所谓的"香蕉共和国❶"，也同样是变质的民主。

总而言之，政治体制的结构是一回事，运作是另外一回事。从历史来看，无论多么美好的设计，也不一定能经受时间的考验。它们可能随着时间的推移而衰败、变质，直到将原来期盼的好制度败落到必须改革的地步。

---

❶ 香蕉共和国：对经济体系属单一经济（如经济作物香蕉、可可、咖啡等）、拥有不民主或不稳定的政府，特别是贪污现象严重、有强大外国势力介入的国家的蔑称。通常指中美洲和加勒比海的一些小国，最初因这些国家盛产香蕉、经济命脉被美国控制而得名。

第七章

现代国家的形式与运作(下)

至于民族国家的类型,则是那些寻求自主的族群共同体摆脱了宗教与封建秩序的约束,自己组织的单一族群的新国家。它们往往强调族群的历史背景,尤其重视文化和语言的传统。在建构新国家的过程中,它们经历过聚合和重建,因此强调自己族群的凝聚。在新的国家体制下,有一部分延续了过去的封建体制,将王公统治者转变成君主。所以这些君主国家即使逐步发展成民主政体,还常常留下君主的名号,建立虚君立宪的体制。这些国家中,最显著的是法国、德国和意大利。到第一次世界大战时,欧洲大多数国家名义上还有王室。

我们去向何方

德国民族国家的建立及发展

德国是民族国家最典型的例子。日耳曼人❶是进入罗马帝国圈内比较晚的一个族群,他们居住的地区大概在今天的中欧,是欧洲人口密度最大的地区。德国的东边、西边、北边也有属于日耳曼人的族群,例如英国的撒克逊族、法国的法兰克族❷和北方的诺曼族。但是,由于日耳曼人在中欧最为集中,自我意识也因此特别强烈。这个族群一路进入欧洲,是典型的战斗部落。在战斗中,他们熔铸了强烈的自群意识。这种对生命共同体的认同,和希腊、罗马文化强调个人意识有相当大的区别。在日耳曼人进入罗马帝国圈时,罗马帝国理解这些"蛮族"的特殊背景,因此尊重他们的习惯法,用所谓的"日耳曼法❸"而非罗马法治理他们。从日耳曼法就可以看出,以财产权而论,分成了集体拥有的共同财产——村落中的牧地和树林,或者部落周围的原

---

❶ 日耳曼人:是古代欧洲一些在语言、习俗和文化上相近的族群的总称,后来在民族大迁徙中与各当地民族融合,后裔包括今天的斯堪的纳维亚人、德意志人、英格兰人、荷兰人、弗里斯兰人等。
❷ 法兰克族:对历史上居住在莱茵河北部地区的日耳曼人部落的总称。
❸ 日耳曼法:日耳曼人在侵入西罗马帝国并建立"蛮族"国家的过程中,在部落原有的习惯法基础上发展形成的法律制度,对后世法律尤其是英吉利法系影响深远。

腓特烈二世与伏尔泰

在普鲁士国王腓特烈二世（1740—1786 年在位）统治期间，普鲁士迅速跻身欧洲强国行列。他将普鲁士塑造成一个军事国家，军队以纪律严明、教育素质高闻名。与此同时，他还从伏尔泰那里接受启蒙主义思想，鼓励发展教育和科技，提倡宗教信仰自由。

野——与个人所有的财产两类。他们的家庭意识比较强烈。值得注意的是，在日耳曼法中，妇女与男子具有相当平等的地位。从君王到不同阶层的领主，各自拥有一群族众，主从之间的关系也常常决定了个人权利和义务的相对性。

这么一个具有特殊文化背景的族群，在罗马帝国圈内与别人格格不入，于是他们能长期保持自群的认同和归属感。在神圣罗马帝国范围之内，欧洲中古和近古发展的封建制度，其实在各处并不一样。族群与族群之间的间隔，往往呈现为错综复杂的群体关系。日耳曼人的封建制度，其实保存了日耳曼人自己的文化和习惯。

三十年战争和宗教革命，摧毁了神圣罗马帝国的世俗秩序，也摧毁了天主教廷的教权秩序。民族国家在欧洲各地出现，最为突出的就是日耳曼族群组织起来的许多国家。普鲁士的出现是以勃兰登堡选帝侯❶的领地作为核心，逐渐将附近一些日耳曼诸侯的领地合并为一个国家，从而成为后来德国的基础。尤其需要注意的是，勃兰登堡选帝侯恰好是中古宗教战争时条顿骑士团的领袖。在普鲁士之内，这些骑士团的成员成为普鲁士的精英统治分子。他们世代身

---

❶ **选帝侯**：指拥有选举神圣罗马帝国皇帝权力的诸侯，是罗马帝国时期的特殊现象，于1356年的"金玺诏书"中确立了七个选帝侯权力的合法性，当时的勃兰登堡领主便是七个选帝侯之一。

为军官，带领自己属下的部落组成普鲁士军队，平时他们也担任国家的各级地方官吏，在教育单位中也是活跃的学者和老师。

这一种国家秩序显然不是全民平等，而是阶层性的结构。其性质与上一章所说的合约性的国家有显著的差别。卢梭"社会契约论"所指的国民与统治者之间的关系是双方约定的，但在普鲁士这种结构之内却是预设的。本章第一节开始提出的民族国家在近代世界历史上占了相当大的比例。这种预设的认同和归属一方面在国家内部具有强大的凝聚力，另一方面，既然国民无法逃离国家的权威，民主和自由也就往往屈服于爱国的情绪之下，为了国家的利益需要，往往会要求人民对国家忠诚，在个人自由和国家的发展安定之间，国家居于更高的位阶。

后来在中欧日耳曼诸侯的领地上，建立了一个日耳曼人共同的政权。他们强调日耳曼人的优越性以及日耳曼民族的纯洁性。虽然今天德国在实质和名称上都是一个联邦（例如，南德的巴伐利亚始终没有丢掉他们独立国的名称，也保持一个独立国的政权体制），可在历史上，从普鲁士时代开始，德国国家的权威中始终有一个强大有力的君主制度。第一次世界大战德国战败，德皇退位，德国实行民主宪政，也曾有过《魏玛宪法》确认德国的民主体制。然而，战败后的德国失去了土地，还必须忍受胜利者定下的种种限制。为了雪耻复兴，希特勒的国家社会主义工人党提出民族主义的诉求，利用群众情绪组织了"褐衫队"——一支效忠希特勒个人权威的武装队伍，煽惑、要挟群众，居然在完全合法的程序下逐步取得独裁的权力，建立了强大的集权政体。第二次世界大战之后，德国又在分裂的基础上重建了一个强大的国家。今天，德国的政体完全符合民主合议，然而其总理的权威却不是英国总理能够相比的。而且，两个世纪以来，德国的"容克❶"——相当于中国的缙绅——始终是德国的文化与政治精英，相对于大众化的庶民，容克的优秀传统也确实为德国的安定和发展提供了相当有利的条件。

法国、意大利民族国家的发展

法国和意大利是另外一类民族国家。以法国而论，其内部族群其实相当复杂，有高卢人❷的后裔，也有日耳曼人组成的法兰克族，还有最早到达的凯尔特人的一些后代。

---

❶ 容克：德语"Junker"一词的音译，指以普鲁士为代表的德意志贵族和大地主阶层，也是后来德国军国主义的主要支持者，代表人物包括铁血宰相俾斯麦、陆军元帅兴登堡等。

❷ 高卢人：古罗马人对居住在今天的法国、比利时一带的凯尔特人的称呼。

可是，查理曼大帝时代建立的法兰克王国，将西欧这一大片土地长期地纳入同一个政权。对法兰克王国的记忆，使法国人始终觉得自己是欧洲最优越的国家。路易十四时代，法国的武力和文化盛极一时，也使得法国人忘不掉当年的光荣。在全国地理最中心的巴黎，聚集了全国的资源，这里成为法国文化和政治的核心。这个核心的吸引力能够长期保持法国人的向心力。因此，法国的民族主义是和它的历史记忆分不开的。

今天的法国是1789年大革命的产物。从那时候到今天，法兰西始终是当年法兰克王国和查理曼大帝的继承者。法国内部的民族都相当坚定地相信自己是一个单纯的族群，而且始终有一个"定于一"的权威。从第一共和国到第五共和国，法国政体不断改组，而且不断有强人出现——从拿破仑到戴高乐，都是领导改组的人物。

今天法国的政体是总统制与内阁制的混合，如果总统和内阁都来自一个政党，总统就是实质上的最高统治者；如果总统和内阁的多数党不属于同一个政党，总统与内阁之间权力的界划就是严重的问题，总统的权力可以极大。法国民主制度的特点，决定了常常会有许多不同的政党选出代表参政，许多小党之中难得会有一个大党出现。因此，法国不容易产生稳定的议会。在这种情况下，法国每次遇到危机，常常有强人出现扭转局面、改组政府，例如第五共和国

查理曼大帝（Charlemagne，742—814）

法兰克王国国王，公元 800 年由教皇加冕为"罗马人的皇帝",德国人称其为卡尔大帝。

就是戴高乐以强人身份重新组成的。

意大利是另外一个对过去的光荣充满眷恋的民族国家。亚平宁半岛上的居民其实已经不是罗马城邦时代原来的族群了。那些缔造罗马城邦和罗马帝国的族群，经过一批批罗马军团的出征，已经分散到各处，不断从各处填补人口空缺的新来者成为半岛上的居民，罗马的文化也就由这些新来者继承了下来。在罗马帝国逐渐衰亡的过程中，帝国的统治集团常常是"蛮族"的军官，而到了教廷的力量扩张时，罗马的真正统治群体是教士。可是，意大利人始终不能忘记绵延一千多年的罗马帝国乃是欧洲的核心。这一记忆造成了他们念念不忘重建民族国家的愿望。加富尔❶等人的复国运动终于将意大利回归为世俗的民族国家，而教廷的权威只能存留在梵蒂冈这个角落里。

在第一次世界大战之后，意大利发愤图强，墨索里尼标榜以社会主义为基础的工团主义，建立了个人领导的法西斯政权，而且组织了一支效忠他的"黑衫军"，树立起个人领导的权威体制。这一类社会主义的体制，其实也是以民族主义的情绪——恢复古罗马的光荣——为诉求，建树起的强人主政的独裁集权。意大利的议会代表强调工会的

---

❶ 加富尔（Camillo Benso Cavour，1810—1861）：政治家，意大利统一运动的领导人，后担任意大利王国第一任首相。

权利，不仅有区域性的代议士，也有按照职业分类产生的代议士。但是，这种体制缺少议会对行政权的制约，墨索里尼因此以总理的身份成为独裁者。

俄罗斯、日本民族国家的发展与民主政治的缺陷

俄罗斯是另外一个典型。斯拉夫人❶的俄罗斯本来只是建立在蒙古政权框架内的一个统治单位，其内部的族群成分也相当复杂，而且俄罗斯地处东欧，在欧洲的整个地理格局上是相当偏远的边陲。但彼得大帝发愤图强，整盘地抄袭以法国为代表的欧洲文化，建立了一个新的国家。以此为核心，俄罗斯不断地向东扩张，也插足东欧的国际政治，取得了欧洲大国的地位。要说民族国家，俄罗斯其实是多民族、多文化的混合体，很难有一个共同的归属和文化认同。只是这个强国的地位，却构成了俄罗斯核心的强固性。

第二次世界大战中，面对德国的威胁，苏联领导人以俄国民族主义为号召，发动群众的爱国热情，共同抵抗侵略。苏联国家强盛了，强大到足够击败入侵的德国军队，也强大到足够与美国进行长期的冷战。然而，众所周知，

---

❶ 斯拉夫人：发源于波兰东南部，现广泛分布于中欧、东欧，又分为东斯拉夫人、西斯拉夫人和南斯拉夫人，都属于斯拉夫语系。

第七章 现代国家的形式与运作（下）

彼得大帝（1672—1725）

罗曼诺夫王朝第四代沙皇，在位期间力行改革，学习西方，使俄罗斯现代化，奠定了俄罗斯成为世界性强国的基础。他二十五岁时游历西欧，曾在荷兰的一家造船厂工作了四个月，并被授予修船工的资格证。

我们去向何方

经过剧变,苏联解体为许多国家,今天的俄罗斯恢复为一个民族国家。

日本,是普鲁士和俄罗斯的混合型。日本群岛的民族有来自亚洲东北部的,也有来自南方海岛的,而更显著的是九州的弥生文化❶,是由东亚大陆的中国和朝鲜的移民带进去的。只是他们长期居住在同一个群岛上,逐渐形成了相当一致的归属和认同感。日本的文化先是接受中国的影响,建立了律令制度;另一方面,日本真正的统治机构却是诸侯武力争夺形成的幕府❷。

文化方面,日本既模仿中国,又有自己的独特发展。因为地处海岛,日本可以置身于东亚大陆之外另成格局。于是,他们自称为世界上最纯种的民族——当然,世界上任何地方都没有真正纯种的民族,只是日本人这样的自我认同,的确构成了他们强固的民族意识。日本在庞大中国的影响之下,常常不甘于第二的位置,力争上游,时时想要取得至少和中国平等的地位。他们在东亚大陆边缘屡次求发

---

❶ 弥生文化:源于弥生时代,是日本绳纹文化之后的一个重要时期。这一时期水稻种植、农耕技术和铜剑、铜铎等青铜器的发展,经九州快速蔓延至日本列岛,被公认为秦汉时期中国文化辐照日本的证明。

❷ 幕府制度:日本历史上特有的一种政治制度,即由征夷大将军(俗称幕府将军)取得天皇授权,实行军事统治,表面上幕府将军是天皇的臣子,实际上凌驾于天皇之上。

展，屡次被中国打下来。而大陆上的帝国对于海外的岛国却经常视而不见。这种被人轻视和忽略的感觉，激发了日本人强烈的反感，也激发了他们不断求发展的积极性。蒙古大军想要侵入日本，竟被台风摧毁。因此，日本从来没有真正被外敌侵入过，这也奠定了日本民族的自信心。

日本的政体从明治维新以后，就仿照英式制度，理论上是君主立宪。但是，日本的贵族和军人在二战以前始终拥有特殊的权力，明治以来的君主不是虚君，乃是军人支持的国体象征。在君主的默许下，1936 年前后军人杀害了民主制度选出来的内阁总理和部长，日本沦为军人专政。二战以后，美国占领军统帅麦克阿瑟将军为了维持日本的安定，庇护日本掌权者集团继续在日本政坛上盘踞下去。战后的日本政体是自民党长期执政，到最近自民党集团才分出若干新的政党❶。可是，我们看最近二十年来的日本政府结构，十余任总理就是那几个大家族的子弟轮流出任。而现在的日本天皇确实是虚君，没有约束内阁的权力。日本的议会在最近又呈现群龙无首的多党体制。只是这些党派的领导者转来转去，还是那几个大家族的成员。日本曾经有

---

❶ 自民党：在 2007 年和 2009 年的参、众两院选举中，自民党先后遭遇历史性惨败，一度有党员退党另组新党，内阁亦因此倒台。但总体而论，自民党在日本政治中的一党独大地位未发生实质性动摇。

过相当健全的司法制度，可是似乎没有像美国最高法院那样重要的释宪权❶。

二战以后，世界上各处原来属于欧美帝国主义殖民地的地方纷纷独立，在形式上它们都抄袭了民主政体，然而究其实际，在过去的殖民地上建国或复国，绝大多数是基于民族自主的立场。上百个新国家都应当归类于本章所说的国家形态之内，但很少有真正符合卢梭"社会契约论"所说的宪章合约的条件。从德、意、俄、日诸国的发展，都可以看出民族主义立国容易陷入集权政治，并不利于民主政治的实践。

---

❶ 释宪权：对宪法的解释，常常由释宪机关通过违宪审查，即对行政命令、法律或规章制度进行是否符合宪法的审查来完成。违宪审查起源于美国，在1803年马伯里诉麦迪逊案的判例中，美国最高法院通过对《司法法》的违宪审查，树立了对宪法的解释权。

第八章

现代科技的发展（上）

前面几章都讨论到了现代国家与资本主义的问题，这两种制度可以说是现代文明的基础结构，现代文明的运作实际上相当程度地寄托在这种特殊的生产方式和特殊的群体结构上。下面我们要讨论的，则是科学与技术的发展。这两个问题彼此有相当程度的相关性，科学往往是技术的理论基础，而技术发展的需求可能也会引发理论的探讨。二者结合，科技应当是现代文明资源的运用。

现代科技是现代文明特有的产物

广义上讲，包括中国在内的许多古代文明，都有过各自发展科学和技术的历史。然而，我们所说的现代科学和现代技术，确实是现代文明特有的产物。第一，现代科学的探讨是基于理论的假设和实验的核对，有一定的思考方法，才能将一个个观念联系成为科学理论。其与古代文明中科学的最大差别，是古代科学家大多从形而上学的方法或者直接的观察，得出一些对自然现象的解释。这种哲学的探讨方式没有经过实验的过程，无法走上现代科学发展的坦途。第二，科学与技术发展之间有密切的关联性，在演绎的程序上理论先于实践，也是现代科学早期发展的现象。然而，从20世纪开始，市场需求带动了技术的发展，而寻求技术的过程又启发了纯科学思考的课题。本来是马在拉车，现在是车在拉马。尤其是第二个特色将科学、技术最后归结到生产和市场，亦即将纯学术问题和资本主义市场运作套叠为一个系列。

现代科学的发展，在中世纪的欧洲就发轫了。我们往往将现代科学思考的方式，归于培根指出的"假设、思辨、实证"三个阶段。其实，伊斯兰文明的科学发展早于欧洲提出同样的命题，欧洲可能还是从伊斯兰文明学到的这种"科学方法"。在欧洲中古时期，由于天文历数的需求，一向有相当多的学者投入天文学思考。只是在望远镜出现以前，观测的方法相当粗糙，所见有限，而基督教神学又将地球放在宇宙的中心。经过哥白尼、开普勒和伽利略的努力，才从数学上建立了以太阳为中心的宇宙观。在医药方面，欧洲几次大瘟疫造成死者无数，医生从实践中逐渐了解了人体结构，像哈维❶发现血液的流动就是一个重要的贡献。天文和医药都是有实际需求的学问，现代科学的思考方式居然在这两个领域迈开了第一步。

自从新航路开辟，近代欧洲经过价格革命和商业革命，发展为重商主义。工商业的城市因此出现，许多城市开始能够维持从经院蜕变而成的大学。上述那些医药方面的发展，有不少就是和大学有关的医生投身于人体研究的成果。而且，资本主义经济发展之后，许多市民有雄厚的资本维持他们的生活，因而有足够的时间和经济实力终生从事科学研究。英国的化学家，例如卡文迪什❷、拉瓦锡❸等都是剑桥大学等学校的教研人员。又如，生物学家达尔文的进化理论，是现代生物学的基石。达尔文的家世和海外商业的发展有关，正是因为生活无虞，他才能一辈子没有固定职业，专心地从事远洋考察和物种研究。英国的学者们组成了皇家学会，组成一个学术专业的社群，互相支援、交换心得，对英国现代的学术发展有极大的帮助。这种学者

---

❶ 哈维（William Harvey, 1578—1657）：英国医生，实验心理学的创始人之一，发现了血液循环。

❷ 卡文迪什（Henry Cavendish, 1731—1810）：英国化学家、物理学家，建立了电势概念、测量万有引力扭秤实验。

❸ 拉瓦锡（Antoine-Laurent de Lavoisier, 1743—1794）：法国化学家、生物学家，被誉为近代化学之父。

社群和过去的文人社群不同，后者是互相唱和以及彼此启发、撰写诗文，而皇家学会中的人物，却将其精力投注于科学研究。在欧洲大陆，法国、德国也有类似的学术社群，这使许多学校的教研人员都能有一个分享共同志业的机会。

物理、化学的发展给人类的生活方式带来了巨大改变

就个别的学科而论，从牛顿的力学开始，物理学就有了共同的理论结构。在牛顿力学的基础上，许多现代工业机械都可以经由数学方式设计为精密的机器。牛顿的热力学理论，使得工业界知道如何将能源转化为动力。固然爱因斯坦的相对论和统一场论相当大地改变了牛顿力学，但在日常生活中，牛顿力学还是一切机械和结构的主要依据。没有牛顿力学，轮船、火车、汽车都不会成为今日主要的交通工具。人类使用的能源，从燃煤到电力、石油，然后到核能，人类能够驾驭的力量一次比一次强大。这一系列的发展撑持了现代文明生产力的继续发展。

化学领域第一步的成就，是认识了氧气、氢气的特色，也知道了它们是一种元素。门捷列夫元素周期表终于能将各种元素特性分列为不同系列，排成一个总表，呈现同一系列元素的共同特性和相邻系列之间逐渐演变的现象。19世纪后半段有机化学出现，化合物的分子结构为人类所了解，

第八章 现代科技的发展（上）

英国皇家学会是世界上最具名望的科学学术机构之一

人类从此知道怎么利用各种化合物的特殊性质。现代工业的前半段使用了许多天然物质进行生产，例如制作轮胎的橡胶和制作香料的樟脑。到19世纪后半段，这些天然物质渐渐不够用了；而到了20世纪，就必须通过化学制造人工的代用品。同时，医药的发展也要求在天然药物以外找出最有效的化学合成品。例如，阿司匹林就是用水杨酸制造的化学合成品。20世纪初，现代公共卫生的观念使得许多地方使用消毒剂和杀虫药，以减少疾病的传播，其中最著名的就是DDT❶。在二战终结前，DDT被广泛使用，用来防治生活环境中的寄生虫和病菌之害。

19世纪人口逐渐增多，耕地也增加了不少。例如，美国中西部的开发，广阔农田不能再用过去的方式耕作，除有机肥料和人工除虫以外，美国的农业还大量推广使用化肥和杀虫剂。第一轮农业革命从美国发动后，延伸到世界各处。例如，甲午战争后日本夺取中国台湾。20世纪初期，日本就根据"农业化台湾"的政策，大量使用化肥和杀虫剂，配合生物培育的优良品种，大大提升了台湾地区的农业生产能力。同样的农业改革，在欧洲列强的殖民地也不断出现。这一次的农业革命确实增加了粮食供应，其后果则是引发了

---

❶ DDT：音译为滴滴涕，一种很有效的杀虫剂，20世纪上半叶广泛应用于疾病防控和农业领域，因对环境污染较重，现已禁用。

对自然生态的严重破坏。以至于到今天不得不用另一次农业革命,来矫正上一次革命过分使用化学物品引发的灾害。

能源、生物学的发展是一把双刃剑

在能源方面,继人类使用人力、兽力和自然水力之后,热力成为生产动力的主要来源。最初是燃烧草木,到了英国的工业革命,以大量燃烧生煤作为动力,蒸汽机是其主要的母型。然而,电力和石油成为主要的热力来源后,电动机和内燃机使得各种交通器材不需要庞大的机器,也能提供巨大的能源。开发水力发电曾经是世界各地能源开发最重要的方式,只是并不是处处都有足够的自然条件建立水力发电厂。终于,人类还是将石油和天然气作为主要的替代品。二战中,美国丢了两颗原子弹逼得日本投降,核能的出现成为一场划时代的能源革命,它本身有优点,也有缺点。在20世纪晚期,几次大的核能灾害提高了大家的警觉。今天各国对核能的使用,不再像以前那样有无穷的梦想。如何发展安全的核能,乃是各国都面临的重要课题。

基于石油这种能源的石化工业还是一个重要的跨学科产业。许多新的材料,例如塑胶、石化纤维、塑钢、颜料,以及从石油中提炼的种种碳素,可以经过化学加工制造成各种产品,广泛地介入我们的日常生活。这些用化学原料合成的生活物资，确实为人类提供了许多方便、价廉的日用品。可是，这些石化产品的后遗症到今天开始逐渐呈现。那些魔法师和仙女挥棒引出来的好东西，竟然引发了无穷的诅咒。

在生物学方面，自从达尔文提出进化论以后，大家就知道，各种生物都有自己一定的遗传特性。最初，生物学的进化论只是用作物种分类的理论基础。到了20世纪初，生物学上发现了所谓的遗传基因。研究那些隐性、显性基因如何传递，成为生物学中很重要的工作项目。20世纪中叶以后，沃森发现了双螺旋的基因排列方式。到今天，基因学已经是生物学中最主要的项目了。在遗传学的基础上，人类已经知道怎么样通过选种、杂交等方式培育新的品种，以适合我们的需用。20世纪晚期，基因学突飞猛进。现在我们已经知道了很多生物，包括人类的基因图谱。我们正在基因学的临界点，很快就能知道人的哪些性格和疾病是从哪些基因传递而来的。人类也开始尝试改变基因，培育新的品种。这个野心勃勃的工程很迅速地开展起来，今天已经有不少农作物是基因育成的新品种。干涉自然的力量，也会变成伤害自然平衡的原因。今天我们已经知道，太多的新品种会在失控之后损害到生态原有的平衡。究竟将来有多大的灾害，我们并不清楚，但至少目前大家已经有了警觉。在医药上，基因的改造也使我们亦喜亦惧。为了预

第八章 现代科技的发展（上）

詹姆斯·杜威·沃森（James Dewey Watson，1928—　）
美国分子生物学家，1952 年发现了 DNA 的双螺旋结构，并获得 1962 年的诺贝尔生理学与医学奖。

防疾病或者残疾，在生育以前或生育过程中的基因改造，也许真的可以避免人生的许多不幸。不过，大家还是不知道，这种改造从长远来看究竟是福还是祸。

  现代科技的发展至少已有两百年，人类掌握了宇宙的许多秘密，也自己插手干预了许多自然的事物。正如电影《幻想曲》(*Fantasia*) 中的小巫师一样，他获得了无穷的法力，可是不知道如何收拾这法力造成的新局面。这也正是我们在所谓的"进步"中必须经常反省的一个大问题。

第九章

现代科技的发展（下）

在 19 世纪下半叶，工业发展与科技发展同步并进。在此以前，新的技术设备——矿场的小火车——结构简单，用的也不过是生煤和蒸汽机，有关企业也不过是将生煤从矿井中运到地面，再进一步发展为短程的运煤道。同时，水面上也有了蒸汽机发动的轮船。这时候的相关产业，一方面是纺织业和一些简单的机械制造业，另一方面是运输业将欧美工业革命以后的产业带到了世界各处，也从世界各处将必需的材料和产品运回了欧美。

20 世纪的科技发展与财团富豪的诞生

19 世纪下半段最主要的演变，是将短程的运货轨道发展为长程铁路，而铁道上的机车可以拉动数十节车厢。新的运输工具代替了欧美过去常用的水路船运。铁路和火车最显著的成绩，是在美国建筑长程铁路线，将北美内陆逐步开发，过去坐篷车移植开荒要花数月才能跨越北美大陆，而坐铁路火车最多仅需一个星期。由于铁路运输和沿路城镇的出现，带动了美国相关产业的快速发展。各种机械制造业和铺设铁路所需的轨道和车辆，需要大量的钢铁，而新城镇居民的衣食住行都通过铁路从东岸的工业区被带到全国各处。这一巨大的交通革命，在美国内战以后加速进行。差不多同一时期，欧洲各国也都发展了铁路交通，将欧洲在相当程度上整合为一个经济网络。

随着铁路交通的发展，美国出现了一些超级富豪。例如钢铁业的卡内基❶、铁路业的范德比尔特家族❷，一时之间都成为富可敌国的财团。在西方历史上，沿地中海的城市也有一些长期存在的富商，例如意大利的美第奇家族❸，但其富有的程度远不能和这些新的富商相比。

---

❶ 安德鲁·卡内基（Andrew Carnegie，1835—1919）：美国企业家、慈善家，20世纪初的世界钢铁大王，卡内基钢铁公司的创立者。
❷ 范德比尔特家族：美国历史上颇有渊源的家族财团，其创始人科尼利尔斯·范德比尔特（1794—1877）是著名的铁路、航运与金融业巨头。
❸ 美第奇家族：13—17世纪意大利佛罗伦萨的名门望族，因从事羊毛纺织和金融业成为巨富，对文艺复兴时期佛罗伦萨的艺术和建筑发展影响极大。

第九章 现代科技的发展（下）

19世纪末汽车出现。汽车是内燃机通过使用汽油来带动灵活行驶的车辆，而且不用铁路轨道，在比较平整的路面上就可以随意行驶。不过，那时候美国的公路网还不完善，火车在运输效率和质量上还是超过汽车。20世纪前半段美国发生经济大恐慌，为了拯救经济，罗斯福总统大规模地开展公共建设，其中最主要的一项乃是修桥铺路，建设第一批水泥路面的公路。有了公路系统，汽车的使用快速普及，并带动了汽车制造工业和其他相关工业的发展，例如制造轮胎的橡胶业。铁路网络不能到达的内陆各地，都通过公路整合成美国内陆的城镇区。当然，这些新城镇的出现，又带动了衣食住行所需的各项用品的生产业和批发零售业。这一波经济发展浪潮不仅在美国，而且在欧洲甚至亚、非两洲的新都市如上海、东京、新德里等地都产生了巨大的影响，可以说是20世纪前半段经济发展的主要动力之一。

汽车工业巨擘福特改善了汽车生产的产业结构，一方面，他用生产线的形式将生产过程切割为一段一段，在生产线上逐步组装为成品；另一方面，福特鼓励工人购买汽车，利用分期付款的方式，使一般人都有财力购置汽车。这两大举措可以说开启了工业革命的第二个阶段。汽车企业成为工业的龙头，并带动了石油开采、炼油、运输、零件装配等生产业，也带动了汽车加油站、银行贷款业和许多工业地区的新城镇建设。这些企业项目又拉动了化工业、建筑业、

我们去向何方

1893年福特在驾驶他的第一辆汽车

亨利·福特的福特汽车公司建立了世界上第一条汽车生产流水线，改变了世界工业的发展进程。

机械制造业等各项重要的产业。这一时代出现的巨富也都与这些产业有关，例如福特、洛克菲勒、梅隆，这些大家族分别代表了汽车业、石油业和银行业的财富。从20世纪30年代开始一直到80年代左右，美国这个巨大的工业国家最重要的基础就是跟汽车工业有关的各种产业。

在这个时代，一方面，因为医疗知识的进步，化学合成的药物有了巨大的市场；另一方面，使用生态原料和煤炭原料的化工业，也在制药、造纸、颜料和家用器具等各种需求方面，发展为前所未有的规模。18世纪末和19世纪初，各处农田的大批量开发，农产品种类扩散到全球，使化学肥料和杀虫剂的生产也成为可观的产业。这一领域里也出现了超级富豪，例如杜邦❶、孟山都❷、强生❸等财团。美国的情形如此，而欧洲和日本的新富也都乘潮而起，在前面所说的几个产业之中，分别涌现出大型企业。

---

❶ 杜邦：世界上最大的化工公司之一，总部位于美国。

❷ 孟山都：跨国农业生物技术公司，也是世界转基因种子的最大生产商，总部位于美国。

❸ 强生：总部位于美国的一家跨国企业，产品涉及医疗保健、医疗器材、药物、个人卫生产品等多个领域。

政府在现代科技发展上扮演了重要的角色

以上所说的，是企业界自己发展的情形。20世纪，在整个科技发展方面，各国政府也扮演了重要的角色。参与第一次世界大战的德国、法国、英国、日本等国，在战前就已经分别发展了军火工业，制枪炮、造军舰等都是国家支持的重要工业。一战结束，英、法、日都获得了大量的"战利品"，尤其是掌握了各种原料出产地。德国在一战以后被胜利国压制，不得发展明显与上述军备有关的产业。为了东山再起，德国在传统军备工业之外进行了许多新颖的研究。其中，最重要的是和弹道有关的数学与力学研究。他们也研究如何在小吨位的船只上装配精准而强大的火力。这些研究在第二次世界大战时发挥了一定的作用。二战期间，德国的袖珍战舰、潜水艇、坦克和巨炮，其基本的技术都在战后转化为平日生活所需的生产事业。最值得注意的则是从巨炮的弹道学发展出来的导弹技术，在二战末期，德国用导弹袭击英国乃是前所未有的战争方式。

英国也在二战期间发展了喷气式飞机、雷达探测、声呐探测这几项重要的新技术。喷气式飞机摆脱了活塞往复活动拉动轮转的运动，转化为直接用涡轮压迫气流推动飞机。这个新技术和德国的导弹技术都是后来长程导弹和太空飞行的基础。无论是平时的快速交通，还是战时的远程攻袭,这些技术的应用都进入了完全不同的时代。当然,太空的探测使人类的视野超越了地球,在我们的知识领域里也有了划时代的意义。

在化学工业方面,为了控制战争期间的伤害,盘尼西林的出现将药物从无机化合物转变为抗生素。此门一开,生化科学知识在最近六七十年有了无穷的新境界。在这个新的生化科学世界,人类对自己身体和一般生命几乎天天都有新的认识。这些项目的研究和将研究成果转变为实用技术,已经不是企业界自己可以掌握的了。

以美国而论,国家的财力和支持通过各种国家研究单位的渠道,启动了全国高等教育机构和研究单位参与,开始探索人类生命奥秘以及如何改善自己生理结构的重大医学工程。今天,实用的医疗和纯理论的基因染色体探讨,在各个层次的研究和应用之间彼此拉拔,已经很难有明确的区划——何者为纯研究,何者为应用研究。现在我们刚刚得知,人造的设计可以使一个天生没有听觉的三岁儿童听见声音;在外科方面,已经实现对颜面和器官的改造;遗传学方面,使用基因能够控制疾病,甚至经过基因的复制,人类已经能够克隆大型动物,如狗和羊。奥巴马总统曾宣布,美国将投入大量的资源进一步研究人类的脑部,以了解智能的特性。这使我们想起六十多年前,肯尼迪总统看到苏联发射了第一颗卫星,宣布十年之内美国也可以发射卫星上天,

我们去向何方

青霉素的诞生

1928年，英国细菌学家亚历山大·弗莱明发现盘尼西林（青霉素）。青霉素的研制成功大大增强了人类抵抗细菌感染的能力，开创了抗生素治疗疾病的新方法。

甚至登陆月球。这两大工程，一个是开拓对地球以外的了解，一个是开拓对人脑之内的了解，都是史无前例的巨大努力。在这个时刻，我们确实感觉到，人类向前所未有的门槛跨出了一步，对内、对外都不再局限于可以伸手感知的世界。

20世纪下半叶，传播和信息技术的发展也是一个重要的课题。自从人类知道怎么掌握"电"以后，电力不仅成为能源，在另一个园地里，"电"还开拓了全新的知识空间和产业。贝尔发明了电话，使人类的声音得以跨越千里。从踏出那一步开始，我们眼看着收音机、电视机以及今天的计算机陆续出现。这些重大的成果，不外是根据数学上的二位数原理设计光纤和集成电路。人类已经能够一方面发展人工智能，另一方面储存和检索大量数据，并实现快速远距离交流，"知识"不再局限于一个人脑部活动的领域。不过，如何从"知识"跃升为"智慧"，却是目前所有的传播和信息设施无法实现的。

本章所说的，都不过是陈述今天"科"和"技"已经难有清楚的界划。科学带动技术，技术也逼迫科学更上一层楼。更须注意的是，今天没有爱迪生这种人物，也不可能再有这种人物，以一个人的小实验室创造新的产品。所有的研究工作都必须投入大量的资源和人力。在这种情况下，国家的倡导和支持与企业界提出来的要求两相配合，才能一步步集体性地不断提高知识和技术水平。科学家和企业界已经无法各自独立，知识也不能完全是纯学术的，知识受到应用的牵引，越来越含有实用性的目的。

现代资本主义国家制定专利法，防止他人仿制这一产品，以保障发明人的权利，本来用意良好。可是，投资新产品的生产者为了保持长期收益，通常不愿有更新的同类产品上市。于是厂家购买新产品的专利权后，搁置不用。许多可以实现的技术更新与进步，因专利法而不能问世。最近，关于用新能源代替化石燃料，已有不少可以开发的新方法。可是，石油生产商尽力阻止新产品出现，处处防堵，以便长期垄断利益。此种情形，乃是资本主义的求利动机与国家公权力结合，延缓科技进步的步伐。这些现象——国家的支持和产业的配合，正说明了"国家"与"资本主义"之间有了密不可分的合作关系。这两大外力的侵入，无疑提升了学术的能量，可是也剥夺了学术心智发展的自由。是祸是福，我们真是无法断言。

第十章

资本主义目前的问题

从本章开始,我们将检验现代文明的四根支柱——资本主义、主权国家、科学和技术——发展的情况和目前面临的危机。现在先从资本主义的问题开始讨论——"资本主义"失去了原来的意义。

近代资本主义的发展条件以及对资本主义生产关系的调节

"资本主义"这个词的内容几经变化,单以资本主义的实践而言,第一阶段的资本主义是在地中海区域的商业城市发展起来的远程贸易经济。那些商人先要预垫资本,安排远航的船只和购置商品的本钱,预估可能发生的风险和可能导致的损失。投下的资本不是小数目,如果一切顺利,利润也非常巨大。在这些人手上，他们逐步开展了今天的银行业务、保险业务，也知道怎样说服有钱有势的人拿出资金，参加利润巨大但风险也高的投资。有了这些银行制度和保险，必须具备可以公开的账目，才能使投资者心甘情愿地加入冒险。

大概在13世纪，这些海港城市投资者手上出现了今天所谓的复式记账法❶，将收支各项细节以及最后的平衡都清清楚楚地列表显示。这一措施当然是为了建立信用，而且不论是买还是卖，从开始经营到最后结账都需要一段时间，业者和客户之间必须互相信任，才能推动这种贸易。因此，有人说资本主义的胎记就是复式记账法。不过，从中国历史来看未必如此。在10世纪中国西州（今天的敦煌地区）的佛教寺庙就有后世所谓四柱清册的记账办法。而那个时候，中国并没有资本主义出现。

第二阶段才是近代资本主义典型的运作方式：投资者筹集资本、设立工厂、购买原料、支付工人的工资、生产商品，再经过批发到零售，供给市场的需求。这种资本主义当然是和近代工业革命不可分割的。马克思诟病资本主义的剥削，也是因为在这种制度下，工厂主夺取了工人劳动产

---

❶ 复式记账法：对于每一笔交易，都至少记录在两个不同账户当中的记账方法，是相对单式记账法而言的。

生的附加价值。当然，为了筹足资金和分摊风险，银行与保险制度也是必要的。这种资本主义可以说是以生产关系为主体的经济制度。相对而言，第一阶段的资本主义则是根据生产与消费者的需求设立的经济制度。

近代资本主义经济也同上一阶段一样，人与人之间的信任是必要的条件。既然人与人之间的信任不能完全靠个人的关系，近代国家也就针对这一需求，注意通过法律用国家公权力防止这一制度运作中间可能发生的欺骗。资本主义经济运作还必须是理性的，不应当牵涉个人关系，也不应当有差别待遇。因此，业务的运作必须透明，经理人也应当是专业的。在这种情况下，所谓内线交易——对特殊人物设立的特殊条件——都不应当存在。

从19世纪以来，这一形态的资本主义已经连续运作了两百年左右。那些资本主义发达的国家，尤其是英、美、法、德、日等国，无不依照上述原则，尽量使得资本主义的制度能够符合透明与理性的条件。然而，马克思主义者指责的问题是：工厂主得到利润的大部分，而工人只是获得微薄的薪资。针对这种生产关系的矛盾，欧美等国基本上都有过劳工运动，抗议资本家的剥削，社会也要求至少有一定的公平和正义。欧洲的社会福利制度、美国的"新政"等都是为了进行起码的纠正。同时，国家公权力也通过"反托拉斯法"，防止拥有巨大资金的财团垄断整个经济活动。

我们去向何方

1938 年，法国劳工联合总会的代表在雪铁龙汽车公司号召工人罢工
20 世纪劳工运动兴起，工人利用罢工等手段，抗议资本家的剥削。

20世纪以来，世界各国都曾对劳工运动提出过相当程度的抗议，也有社会良心人士极力促使更好的社会福利立法。当然，马列主义者在俄国建立了世界上第一个社会主义国家，共产国际也在各处努力推动社会革命。到今天为止，已有不少国家建立了相当可行的社会福利制度。

第三阶段的资本主义是一种"货币经济"

目前我们的问题是，第二阶段的资本主义运作正在转入一个新的阶段。二战以后，世界各地的工业发展极为迅速，战后的重建以及重建过程中扩大的市场需求又带动了供应面不断扩张。生产和销售必须有大量的资金，于是，资金本身的功能成为资本主义最主要的特色。全球各国大小经济体都在不断成长，全球整体的经济体又在全球化的网络下，不仅规模庞大无比，而且资金流动极为迅速。这个阶段的资本主义，可以说是真正落实在"资本"两个字上了。筹措资本原本是银行的业务，而市场上的证券交易则将银行也拉进了吸收民间资金的事业。

从第一阶段开始，合股经营就是若干投资者聚集资金共同谋利的基本方式，股份有限公司制度因此成为经营的常轨。过去投资者都是一小群人，他们彼此相识，各自认股，拿出资金合股经营。合伙人通常委托专业的经营者推动业务，可是股东们还是经常可以监督被雇用的CEO，大权不会旁落。而近半个世纪以来，证券市场成为吸收游资的主要场所，而且，自从"共同基金"出现以后，购买股权的人彼此并不相识，而由共同基金募集者汇集大家的投资，再分散投资于许多不同的企业。共同基金的持有人，并不知道自己在哪一个公司有多少股权。更进一步，共同基金本身也在市场上成了交易的证券。银行和证券交易公司其实常常是混合的。在几层证券重新配搭以后，购买证券的客户实际上是投资于经济体的涨落和伸缩，他们并不知道自己投资在哪几个公司或哪几个产业。证券商和银行事实上掌握了无数散户提供的资金，在市场上兴风作浪。于是投资证券几乎形同赌博。

最近几十年来，自从信息科技发达以后，随着经济全球化的浪潮，世界各地的证券市场一天二十四小时内各有涨落，而且各地的币值也时有变化，证券商和银行可以运用同一笔资金，追着太阳在全球打转，投入各地的资金买卖。因其流转迅速，这种做法又将实际资金在无形中放大了几倍。于是，全球各地经济体的总和呈现极度虚胖的现象，也就是所谓的"经济泡沫化"。资金本身的运用已经脱离了商品生产和销售，成为独立存在的利益。再加上各国的中央银行为了维持经济的需求，不断提供足够的资金。这些资金第一步就流入了各地的银行，实际上在不断扩大货币供给量，即是另一种形式的通货膨胀。在证券市场的运作中，实际投入生产的数量，与市场起落并非有必然的关联。民间无数的散户跟着市场的高低或喜或忧，而掌握资金的商户则"无中生有"，牟取了巨利。这一阶段的资本主义经济可以说是"货币经济"，货币不仅是交易的媒介，也已经成为一种商品。

不仅货币成了商品，现在还有了一个延伸物，即货币使用的"信用"。今天在我们每个人的日常生活中，都会牵涉信用卡的使用，我们也不能避免以分期付款的方式购置产业和商品。"信用"从其名称本身而论是彼此的信任，非常符合资本主义是建立在诚信上的这一条件。然而，"信用"的膨胀使每个人都在透支未来的资产，整个社会的每一代也都在透支未来的资产。今天，越是经济发达的国家越有信用过度膨胀的问题。通货膨胀加上信用膨胀，而真正的生产力无法赶上膨胀的速度，这是第三阶段资本主义演变到今天出现的无法驯服的巨魔。

资本主义的失落可能导致社会的分裂和崩溃

由此出现的结果则是财富的高度集中，对于那些掌握资金的人，国家的公权力已经无法控制了。最近二三十年来有过两次经济大风暴，每一次都有一些地位重要的银行或资金控制者——保险公司或证券商——被发现长期系统地欺骗客户，从社会偷窃暴利。资本主义经济应有的理性已经不存在，保证这种理性运作的诚信和透明度也已经被极度地扭曲。

第三阶段的资本主义经济成为经济丛林内的弱肉强食：散户是弱肉，玩弄资金的人是猎食的巨兽。虚假的浮胖让看上去不断扩充的经济体呈现出经济繁荣的虚象。这些经济体必须继续扩大，才能维持运作。整个世界都被不断扩充的经济绑架了，大家都活在筹码的转动上，不知道筹码的后面究竟代表什么。所谓"生产力"，已经不完全是商品的制造和供销，今天所谓的"服务业"，其中有相当一部分专业乃是货币轮转中的一些齿轮。

经济全球化使得各地的产品在市场全球化之后可以在全球各地销售。一些经济落后国家的劳动力比经济发达国家的远为低廉。于是，投资者在经济落后的国家设立工厂，利用低廉的劳动力和土地压低生产成本。于是，生产关系中本来工人受剥削的现象，转变成为经济发展程度较低国家的劳工成为最底层的被剥削者，也造成了工业国家劳工的大量失业。而这些国家的商品供应，又能保持一定程度的低廉价格。地区性的不平衡代替了过去阶层性的不平等。以全球人口的整体来说，属于生产线最底层的生产者取代了各国本来的生产阶层。生之者寡，而食之者众，这是资本主义经济目前积重难返的原因所在。在全球各处，财富的分配也呈现出极度集中于少数巨富手中的现象。以美国为例，上层的富人大约占人口总数的百分之一，而他们拥有的财富占全国的百分之四十；而占有人口百分之二十的穷人生活在贫穷线之下，中产阶层的人口比例则在萎缩之中。

在这一阶段，"资本"二字不再是推动生产的后援。货币本来是交易的媒介，现在却成为淘金活动中的商品。资本主义已经失落了原来的意义。玩弄资金的人挟巨大的资金以钱博钱，成功者因此获得了利益，而失败者则因此沉沦。

现代文明的发展动力乃是启动了巨大的生产能力。可是，这一动能的一大部分却正投入博钱的活动，也因此造成上述贫富不均的现象，最后可能导致社会的分裂和崩溃。离开了促进生产和商品流通两项基本功能，资本主义现今代表的是贪得无厌的欲望，并失去了以诚信为基础的自我节制。于是，资本主义的贪婪将无数投身其中的从业人员变为巨魔，追求金钱永无止息。

第十一章

最近科技发展的情形

二战以后,全世界的科技发展速度极快,而且是全球一盘棋,各处的开展几乎同步进行。起步最早的科学领域,是高能物理和相关的核能技术。

二战后物理学领域的发展

二战期间,德国的学者们包括爱因斯坦在内,已经在传统物理学上根据爱因斯坦的相对论尝试探索物质粒子,将过去牛顿力学的结构论转变为质能转换系统论。纳粹德国迫害犹太人时,爱因斯坦逃亡到了美国。二战快结束时,爱因斯坦率领一群物理学家建议美国政府发展原子弹,以这个前所未有的强大武器提早结束战争。后来美国在日本投下两颗原子弹,日本宣布投降。如果不是这一招,太平

第十一章　最近科技发展的情形

洋地区的战争还可能会延续一段时间，双方的死亡人数可能就不止现有数字了。核爆炸的威力如此惊人，一时之间，美国成为无可否认的世界强权。但是，很快苏联和英、法也都造出了原子弹，而中国也跟着试爆了自己的核武器。核武器的蘑菇云高悬在世界战争的危机上，竟使得任何国家都不敢轻易尝试挑起战争。吊诡之处在于，对核武器威力的恐惧却成了阻挡第三次世界大战爆发的重要因素！

在第一颗原子弹出现之后，世界各国物理学家尽其全力，探索物质最根本和最微小的部分。过去以为，原子是物质最小的单位，现在大家知道，即使核子之内也似乎像一个小宇宙，有许多粒子时时转换，彼此牵制。研究高能物理是费用非常昂贵的工作，过去以学校为主体的研究室已经无法承担如此昂贵的研究。以美国为例，国家的财力大量投入，动员许多学校的人力集中成立几个研究中心，专门从事这一方面的研究。研制第一颗原子弹的曼哈顿计划[1]，是在芝加哥大学聚集了一批科学家通力合作完成的。后来又有数处规模不小的研究单位，其中最大的一处坐落在洛斯阿

---

[1] 曼哈顿计划：1942年6月，经罗斯福总统批准，美国陆军部开始实施的一项研制原子弹的军事计划。

拉莫斯❶，千百位学者常驻于此，实验的场合则多半在美国中部的沙漠地区。在欧洲，一个国家的力量似乎不足以承担如此巨大的工程，所以欧洲的高能物理研究团队设在瑞士的一个联合研究中心。他们的加速器集中的能量极大，可以打击核子，观察各种粒子的行为。华裔物理学家丁肇中❷就在这个单位工作，他有一项研究计划是发射太空导弹，在遥远的太空进行实验，探测一些粒子的特性。

与高能物理平行相关的研究，则是外太空的探索。1957年，苏联发射了第一颗人造卫星"斯普特尼克1号"。美国受了刺激，立刻动员全国的科学家，计划在十年内迎头赶上苏联的太空研究。美、苏两大国的科学家以及后来加入的中国科学家，三方齐头并进，在太空研究方面，不仅往太空发射了宇宙飞船，还先后登陆月球和火星，并研究留在太空的仪器时时送回的信息。发射到外太空的大型望远镜现在还在运作，不断将外太空的情形送回地球。这些工作耗费的资源和人力，也是史无前例的。回收的宇宙飞船

---

❶ 洛斯阿拉莫斯（Los Alamos）：位于美国新墨西哥州，坐落于此的洛斯阿拉莫斯国家实验室享有盛誉，世界上第一颗原子弹和氢弹就诞生于此。

❷ 丁肇中（1936— ）：华裔美籍物理学家，因发现J粒子荣获1976年诺贝尔物理学奖。

第十一章　最近科技发展的情形

美国中部沙漠地区的洛斯阿拉莫斯国家实验室
二战后，各国政府投入大量财力推动科学研究。

只能在广阔的海洋上降落,或者在坚硬的盐漠❶地区滑行落地。这是人类从古至今第一次跳离大气层,从外面观察更远的外面,也从外面回看微小的地球自己。我们正如海洋中的飞鱼,终于能够跳离海面,回头看看海水。可是,这条小鱼跳跃的高度可能只是几米而已,所见究竟有限。

从外太空研究的发现中我们才知道,地球所在的太阳系是在银河系之内,地球仅仅是非常微小的一颗行星,银河系统又是许多类似系统之中的一个而已。太空研究的测听,带来了"宇宙"刚形成时的声音。远处的信息在我们接收以前,已经不知道经过多少万光年,才到达邻近地球的外太空。"宇宙"里有亿万个星系,其中又有更多的行星,还有无数像地球一样的天体。我们所寄生的地球,只是无数天体之中的一个。而且"宇宙"还在不断扩张,在时间和空间上都不断地延长和扩大。面对这些情况,人类自觉掌握的宇宙知识何其零碎,何其微小!

这些工作累积了至少三代优秀学者的研究成果,对于物质和宇宙的构造取得了比以前更清楚的认知。他们对于物质特性最精微之处的研究,当然也逐渐触及宇宙本身的构造甚至宇宙的起源。根据芝加哥大学研究提出的大爆炸理

---

❶ **盐漠**:指被大量盐分覆盖的干燥的泥漠地区。

论❶，物理学家模拟了宇宙从无到有的过程。这一部分研究工作还在继续进行，不仅在实验室做，而且在数学运算上，也有不少是在外太空进行探索。今天，"宇宙"一词已经不是我们过去所理解的内容了。过去，我们以为"宇宙"就是整个时空的大系统。现在，我们却将"宇宙"当作多元的复杂系统，"宇宙"成了一个复数名词。今天，学者们讨论的"宇宙"课题包括宇宙的扩张，也就是宇宙的边界在哪里，宇宙的变化有哪些，宇宙本身有多长久。于是，"宇宙"的空间和时间都不是无限的，时间有其起源，空间有其限度。这些新的观念颠覆了19世纪以来传统的宇宙观，也和若干主要宗教派别提出的神学观念有极大的不同。也许我们可以说：因为人类知道得比以前多，也因此知道自己所不知道的竟是如此无边无际。现代物理学的研究工作取得的成就无可置疑，这影响到了许多过去被视为理所当然的想法。不仅宗教神学很难再自圆其说，就是哲学家的形而上学理论，其宇宙论也往往无法验证。

---

❶ 大爆炸理论（Big bang）：一种描述宇宙诞生及其后续演化的宇宙论模型，这一模型今已得到越来越多的科学研究和天文观测结果的支持。该理论认为，宇宙是在过去有限的时间之前，由一个密度极大且温度极高的太初状态演变而来的，并经过不断膨胀达到今天的状态。

我们去向何方

信息科技的发展改变了人类的生活

信息科技也是二战后科技发展的重要项目。1946年，第一台计算机在宾夕法尼亚大学设计完成，今天我们还能看见当时的实验室和原始计算机的模型。那台机器占地上百平方米，其运算能力却还不如今天手掌大的一个小计算器。这六十多年来的信息科技发展，就在我们眼皮底下发生。到了今天，我们的生活已经无法脱离各种电子工具。信息科技创造出来的工具，让我们有了巨大的储存空间，储存各种资料；有了灵敏的搜索引擎，使我们能从浩如烟海的存储中很快找到需要的资料；还能迅速地将资料传递到各处。当然，这些工具本身目前还不会思考，只是帮我们处理资料。今天我们以举手之劳就能获得过去依靠记忆和索引才能得到的信息。不过，储存资料的工具随着电子工业的发展在不断更新。例如，过去用来储存的磁带今天已经被数字化设备取代，将这些磁带存储的资料重新翻录也是不小的工作，而这一类工作将永无终了。储存资料的数据库，目前是以云端作为最好的库房。这种储存方式将来也会被新的技术取代，以新替旧，不断更新，其速度将会越来越快、越来越频繁。可能不久以后，我们会觉得像狗在追自己的尾巴，永远都追赶不上技术更新的速度。

目前信息科学正在和生物科学合作，逐步探索发展人

第十一章　最近科技发展的情形

世界上第一台数字计算机恩尼亚克（ENIAC）

1946年2月14日，世界上第一台数字计算机恩尼亚克（ENIAC）在美国宾夕法尼亚大学问世。

工智能，有些机器人已经能做一些简单的工具。目前，人类习惯的复杂思考还不能寄望于机器人，但机器人的未来无可限量。总有一天，机器可以做到具有几乎像人类一样的智能。但下一步怎么办？我们是创造一个完全像人一样的次等人类吗，还是在哪一个地点刹车，不再扮演上帝？

信息工具的发展促进了信息企业的成长。无论是硬件还是软件，能够开启一个项目的人物都能成为巨富。计算机和其他电子工具的迅速换代、不断更新，将旧的机器完全淘汰。这个行业浪费了无数资源——如果一个工具只要加上新的附件就能更新或提升其功能，又何必完全将其淘汰？人才使用亦是如此，后浪推前浪，企业界组织了许多有用的研究人员努力创新，同时压缩他们的任用时间，引进更年轻的新人无尽期地开拓新境界。这个行业的工作确实既有挑战性，又不能耐久。信息工具的使用，潜力还很巨大，生活起居中的许多环节，在不久的将来都会由人力操控转变为自动控制。

生物科技和医学的进展正在改造人类本身

最近半个世纪以来，生物科技的发展也是惊人的。战前生物学的研究已经触及遗传概率的问题。不过，那个时代只有农业科技会凭借遗传学的理论，经过选种、交配发展优良品种。等关于基因的知识累积到一定程度，知道染色体在传递遗传特性上的作用后，生物科技的发展迅速开辟出新的领域。沃森发现了"双螺线"排列，终于破解了基因组合和传递的奥秘。在这个领域里，全世界的生物学家分工合作，各自担纲某种生物的基因排列任务，分担一部分工作。数十年来，这方面的成绩非常惊人。几乎所有重要生物的基因如何排列，都已经有案可稽。

在这个基础上，生物学家已经掌握了如何改造生物的基因，这几乎等同于创造新的物种。他们也知道如何通过细胞分裂，复制一个生物。十多年前那只绵羊多莉❶出现以后，今天的实验室复制一两个生物已经不是很难的工作。生命的意义本来是极为隐秘和神圣的，许多宗教将生命创造归于神力。而今天，人类已经掌握了这个秘密的一小部分，并做出了许多令人惊诧的成绩。然而，我们虽然知道了基因如何运作，但并不知道第一个生命的第一步是怎么来的。菌类作为生物，分裂是其生命繁殖的表现，那么蛋白质也会分裂，蛋白质是不是生物呢？有生命与没有生命的界限在哪里？这些问题仍然有待探索。

与生命科学有关的是医学的进展。有了如此迅速发展的生命科学知识，人类已经能治疗许多过去无法处理的疾

---

❶ 绵羊多莉：世界上第一只被成功克隆的哺乳动物，诞生于1996年。

我们去向何方

病。人类也能机械性地制造人类的器官，代替人本来的器官。人类甚至可以使用干细胞❶分裂技术，重新培养一个新的器官。似乎可以说，人类已经掌握了决定生死的能力。然而我们知道，人能治病却不能防止老化。人类的器官无论如何更新，甚至复制一个新的生命，都无法阻止死亡的发生。"死"是"生"的另一面，正因为我们还不能完全解读生命，所以我们还无法阻止死亡。

在本章，我们只提出了四个科技领域内惊人进展的复杂结果。这些问题牵涉人类对周围环境的理解和对人类本身的理解。我们还没提到的，则是作为人类的群体，尤其是全人类作为同一个整体的大社群，在面对崭新的宇宙观时，将如何发展丰富人类生命的意义和个人存在的意义。这些都牵涉我们终极的安身立命所在。在下面几章里，我们会再分别讨论。

---

❶ 干细胞：一种未充分分化、尚不成熟、具有再生各种组织器官和人体的潜在功能的细胞，医学界称为"万用细胞"。

第十二章

为现代文明把脉

前面我们讨论的,都是现代文明在最近一个世纪内发生的情况,其中有相当一部分和前著《世界何以至此》有相当的关联性。我之所以详谈现代文明、国家、资本主义等题目及其目前的状况,是要对其衰败的真相先做体制上的观察。这一章以后,我将着重讨论其衰败的原因,并将东方发展的背景作为对照。我非常希望通过这两个不同方向的发展轨迹的对比,来帮助我们对今天的世界有比较清楚的了解。

在上面几个项目的讨论中,我们已经陆续提到国家的功能正在转换,民主政治本身的运作也显著地有所衰变。在讨论这个课题时,资本主义本身的变化经常出现。现在,我们就从资本主义的问题入手先做讨论。

我们去向何方

资本主义经济基础的垮塌

在资本主义制度下,以钱博钱本是常态。前面谈到资本主义现在处在的第三阶段,这个阶段已经将货币当作商品看待,不再当作生产投资,也不当作远程贸易的本钱。货币供给量的大量增加,使得经济体不断扩大,可是实质的生产量并没有相应增加。一个不断扩大的经济体,如果不在生产方面增加,就必须扩大消费面。而这几十年来,我们所见的消费面的扩大,却有许多是以服务业作为主要途径的。服务业号称第三产业,其中原本只包括管理、广告、经销等方面。而今天原来包括在家庭生活范围内的衣食住行,已转化为吸收劳力和资源的各种零售业与餐饮业,也就是服务业。

以美国的社会生活而论,社会活动中很大一部分是体育和娱乐业。这些行业的从业人员中,明星级人物的收入动辄以百万千万计,因此成为年轻人梦想的目标。他们看不到明星背后"一将功成万骨枯"的一面,而成千上万投入这些行业的年轻人最后一无所得。这些行业撑起了极大的消费量,但是从整个经济的成长来看,除了以消费拉动消费以外,并没有促进产业的提升,也没有因此改善整体的生活水平。最近几次经济危机中,一般都以"泡沫化"形容经济体的虚胖,地产业的泡沫化又是众矢之的(如前文所述）。然而，地产业在经济体虚胖中所占的比例，恐怕还不如所谓服务业造成的虚胖来得高。整体来讲，由于服务业不是真正的生产事业，一旦所占的比例过大，任何经济体都会出现"生之者寡，食之者众"的病征。

由于资本主义转化成了以消费为主轴的经济制度，人的欲望不断增强，有了钱还想要更多的钱。这种引诱对一般人而言是日常工作的推动力，对于在钱中打滚的资本主义上层人物，他们天天接触到大量的金钱，以赚钱的数字作为其功罪的尺度。在资本主义运作中，真正的执行人物为了专业化，必须将经营者和股东分开。以今天资本主义金融事业的市场而论，职业经理人每天都在设法将钱换成更多的钱，他们每日的运作股东无法控制。更何况，今天的公司股权极度分散，如前章所述，无数的散股除了委托经纪人代表以外，持股人完全无法直接参与监督。总经理和执行部门有权而无责，股东则是有责无权。于是，总经理为了提高业绩，甚至只为了好看的报表而不择手段，各种欺骗和隐瞒都可能发生。执行部门尤其是总经理，不断凭业绩提高自己的收入，不仅年薪动辄以百万计，而且退休和离职的奖金——所谓"黄金降落伞❶"——更是以数千万为单位，这

---

❶ 黄金降落伞：指公司的高级管理人员在公司控制权发生变动的情况下，可以得到一笔巨额补偿安置费用，原本是为了防止恶意收购，但弊端是可能诱导管理层低价出售公司。

种浮夸、欺骗之风越演越烈。自20世纪90年代以来，几次经济危机中都有人揭露各种公司内幕，所谓"吹口哨的人"——揭露骗局的人——提到的一些现象令人触目惊心。在2008年的那次大恐慌中，好几家声名显赫的大型金融公司都有欺骗和偷窃资金的行为。资本主义体制原应以诚信为本，现在"诚信"两字已经完全不见；资本主义以信用为基本条件，其基础已经垮了，上层结构怎么能不垮呢？

资本主义与政治权力的权钱结合腐蚀了政治的独立性

在20世纪前半叶，第二次世界大战以前，英国、美国等主要的现代国家都曾处于资本主义的第二阶段，因为资本投入工业生产，造成工人与工厂主之间待遇的落差。对此欧美各国有不同的措施，大体上都以社会福利平衡贫富的偏差。国家的公权力乃是监督与约束资本主义的主要力量。美国的"新政"、英国工党领导下的福利政策，无不以工会与民间社团作为社会的支持力量，推动通过"反托拉斯法"，促进劳工福利等。

但是到了20世纪下半叶，单以美国而论，无论是在全国性还是地方性政党竞争中，财东介入竞争的情况越来越严重。其中相当一部分原因在于选民素质——虽然选民总体人数增加，但选民的素质相对降低了。另一方面，竞选活动不通过街头讲演或散发传单，就能赢取选票；动员各种媒体的支持，都从可见的广告转变为看不见的植入营销。最近二三十年，各种财团取得了对大众媒体的控制权。以美国的媒体而论，过去每个城市会有两三家日报互相竞争，今天几乎每个城市只有一家，而且都被若干资金雄厚的报业财团收编。电视业也是如此，美国各地的地方性电视台都已归财团所有，全国性的独立电视台数得出的只有一两家而已。欧洲的情形也不比美国好。全球性的媒体财团，其影响力跨洲越洋，呼风唤雨，不仅竞选时政治人物要仰仗这些财团的支持过关，就是在平日的议会运作中，财团的外力也深深插足其中。

资本主义本身的腐烂已经深深地侵入政治，腐蚀了政治的独立性。民主政治本来的构想，是每一个选民有自己做主张的机会。既然这些选民未必具有政治判断的专业能力，舆论呈现的方向对于选民来说就有举足轻重的影响。然而现在各种媒体的运作，已经不再是数十年或一百年前那样简单，媒体本身必须拥有相当的实力，例如电视节目的放送，或者有分驻各处的记者等大量的人力投入。媒体本身被财团操纵，吊诡地说，乃是由于媒体设备和传播能力不断提升扩大，以至于不得不被巨量的财富收编。

政治人物从政，权力本来就是诱人的。如果政简事少，引诱力可能相对减少。然而最近一个世纪以来，任何国家

美国参议院里的老板们

各种财团和利益集团逐渐介入政治运作,"权""钱"日益结合,成为今天美国政治的一大特征。这幅美国漫画描绘了参议员后面坐着大腹便便的垄断企业大老板。

的公权力都比以前庞大，而且都能深深地插足社会，时时地影响国民的生活。政府的法令及其执行，都会影响到每个人的生活质量及前途未来。例如，社会福利法规或医药保险制度中有任何增减，都会使每个公民的生活发生巨大的变化。政府拥有的权力可以推动若干产业，也可以使某些产业拥有长期的独占权。政治人物在掌握政治权力时，对于在资本主义体制内运作的财东，本来可以有相当的约束能力。然而，进入政治圈本身需要投入的本钱，已不是任何政党或政治人物可以独立承担的。财团对政客的游说和政客出入政、商之间的"旋转门"，凡此种种常见的情况，无不显示"钱""权"互相利用、互相支持，已经结合成为利益共同体。

福利国家制度的局限与中产阶层的萎缩

资本主义第二阶段的历史使得许多人知道，以社会主义代替资本主义并不是唯一的出路。以苏联为代表的国家的发展历史清楚地显示，权力的集中只会扼杀经济的发展，更会严重损害政治的民主与人民的权利。同样，纳粹德国、法西斯意大利提出的模式，是集权专政的体制。这使得若干民主国家在二战后全力推动社会福利制度的建立，希望以福利国家的制度实现资源的再分配，适度矫正资本主义社会必然存在的贫富差异。

如今，在"钱""权"结合的共同体之下，福利国家体制已经不足以平衡财富分配不均的偏差。以今天的美国为例，百分之一的富有人口拥有全国财富的百分之四十，而百分之二十的底层人口却活在贫困线以下。民主国家有舆论的批判与法律的制裁，尚且存在如此情形，更不用说在以"权"为主的集权国家，当政者的家属往往自由自在地以权博钱，凭空成为财富的顶端拥有者。看来，不管是左是右，一旦"钱""权"结合，应当用来维持人民生计的公权力就不免成为劫贫济富的暴力。

现代国家与社会之间，最主要的平衡力量乃是中产阶级。在近百年的历史中，这些阶层曾经是现代民主国家的主干。但最近二三十年来，民主国家的中产阶层都在萎缩，相对地，他们对于上述种种变化也有极端的无力感；而在那些还没有发展起民主制度的国家，民主运动的力量微弱，看起来几乎没有发展壮大的机会。

在西方现代国家政治和经济制度的形成过程中，资本主义和工业生产无疑曾扮演巨大的推手。成也萧何，败也萧何，我们眼看着资本主义的腐蚀力正在腐蚀现代文明的基础。

第十三章

国家功能的衰变

前文已经说过，现代文明的国家体制可以分成民主的协议型和民族国家的归属型。这两种形态在权力的结构上颇不一样，然而，它们的衰变过程却相当类似。

民主政治不是高效率的制度

先从民主政治的国家形态来说。在"社会契约论"的基本理论下，人民是构成国家的主体，国家的权威是经过人民的协议交托给政府执行的。这种体制是因为政权逐渐从过去封建专制的体制下得到解放而出现的；人民珍惜自己的自由，一切政权的设计都是为了防范政府侵犯个人的人权和自由。以英国和美国为例，都是采取彼此制衡的原则设计政府的结构。英国的方式是两党之间彼此制衡，执政党的议员就是内阁的后盾。如果施政不合人民的意愿，反对党可以要求解散内阁，执政党也可以要求解散议会，然后经过全民大选选出新的议会，由新议会的执政党组织新的内阁——这是一个随时考核的制度。这种体制等于一个跷跷板，一上一下永远寻求新的平衡。英国制度反映民意相当迅速，然而，一个政府经常反复，政策经常摇摆不定，终究不能算是很稳定的政治。

为了弥补这种不稳定，英国发展了常任文官的制度。一些专业的公职人员终身在政府各部门服务，他们最高的职务可以做到内阁的常任副部长。议员担任的部长随着内阁的转变而上台下台，常任副部长却只按照法律和惯例执行政策，审核工作人员的成绩。因此，政治的改变不会影响执行的效率。这种民主制度包含常任文官制，实际上既尊重文官的专业性，也顾及政府工作的连续性。

美国的制度则是三权鼎立。民选的总统代表国家权力，也主持行政部门的工作；各部部长都由总统提名，经过国会同意得到任命。国会参、众两院由民选的议员担任。参议院代表联邦各州的州权，众议院代表人民普选的民权。参、众两院之间也有权力的分工，对外事项参议院的权力大，国内事项众议院的权力大，关于国家预算则众议院的权力最大。大法官组成的最高法院则代表宪法，九位大法官由总统任命，并经参议院通过，他们的权力是审查和监督政府的所作所为有无违宪。他们按照宪法解释其他法律及其权威,形同正式的法律。

美国的制衡因此是上下之间、联邦与各州之间互相平衡,联邦政府无权强压州政府,然而,在对外事项以及全国性的与宪法有关的决定上,州政府必须接受联邦政府的指令。行政、立法、司法三权鼎立,互相监督,互相节制,以防任何一项权力过大,压制其他两项权力。从这个制度可以看出,美国的政治必定牵牵扯扯,任何法良意美的政策很难立刻获得通过,更难顺利执行。美国两百年来的政治,就在这种推推挤挤的状况下达成起码的协议,然后付诸执行。

从英、美两国的制度看来,民主政治有其根源,亦即在于民意可以随时监督政府,民意也可以随时改变政府的方向。国会中的讨论,应当是由议员根据民意反映他所代表的选民,对于一些政策提出他们的观点和意见。政府的全盘运作,就是不同选民群体所代表的不同利益间的博弈,并不断寻求妥协。三权鼎立,互不相让,有时不易取得最大公约数,往往会有前后两种矛盾的法令同时并存,又必须花费精力解决这些矛盾。若以效率而言,民主政治不是高效率的制度。

民族国家更易发展起集权制度

相对而言，以民族归属作为前提的民族主权国家，例如德国，人民对国家的归属感和忠诚是预设的，人民的利益排在国家之后。自从三十年战争以后，17世纪以来，欧美国家大多数属于民族国家的类型。一些小国在国小民寡的局面下，自己在国内安安静静地过日子也可以。而像德国、意大利这一类国家甚至法国、俄国，国大民众，国与国之间的争执就在所难免。因为每一个国家都想尽力得到资源，使自己的生存空间有更多的发展余地。这种主权国家的宪法往往强调自己族群的共同福祉和利益。德国《魏玛宪法》提到民权、法治，也提到要防范强人夺权，在欧陆宪法中内容相当不错。然而，就是因为国家在先、人民在后的宪法精神，希特勒可以借着民族主义的风潮，一步一步合法地夺取政权，建立纳粹的集权制度。

集权国家领导者的权威无人可以挑战。希特勒在德国的权威经过一番造神运动，树立了其代表日耳曼精神的形象。他更利用暴力，组织对他个人效忠的褐衫队胁迫军民，保卫他的权力。这一类权威方式令出必行、贯彻到底，其工作效率必然高于英美等民主国家的政令。但这类制度最大的缺陷就在于没有人可以监督国家的权威。任何错误既然无人指出，往往一错到底，造成无可挽回的大灾祸。纳

1933年1月希特勒在德国总统兴登堡（左）推荐下出任总理

《魏玛宪法》是德国历史上第一部实现民主制度的宪法，但由于其国家在先、人民在后的宪法精神，希特勒最终以合法手段夺取政权，建立了纳粹集权。

粹德国先是排除雅利安人以外的人民，完全不顾人权，大量地杀害犹太人，造成人类历史上罕见的浩劫。纳粹德国全力发展武装，只是为了扩张德国的疆域，获得更多的资源。德国的侵略行为终于引起大战，整个世界被卷入战火之中。德国失败以后，国家覆灭，国土分裂，整整花了五十年才恢复到今日的模样。

意大利是德国模式的翻版，此处不必详述。日本则是另一种民族国家的集权政体。明治维新以后，日本曾实行短暂的议会政体，模仿英国的制度，推行民主政治。但是日本长期存在的武人执政，使得军人们时时不忘要以武力侵略取得更多的土地和资源，以建立日本的霸权。日本军阀致力于由大和民族统治世界，达到"八纮一宇，万世一系❶"的帝国体制。这种野心比民族国家寻求生存空间更难约束。帝国的军人继承武人专政的构想，借助军部有直接上奏君王的权力，建立起凌驾于文人政府之上的权威。1936年，军人公然杀害首相和内阁大臣，将议会政体的日本转变成为军阀专政的集权国家。

在此以前，日本的民族国家体制即以天皇为真实的元

---

❶ 八纮一宇，万世一系：在日本神话中，日本初代天皇神武天皇提出了"八纮一宇"的思想，后来被日本军国主义者鼓吹，宣扬"天下乃一家，共同以天皇陛下为万世一系的统帅"。

首，建立了一个军国主义的现代国家，从中国和朝鲜取得殖民地，也为了建设军备，发展了以军事工业为主体的现代生产工业。论其政府效率，不仅在东方首屈一指，即使在全世界范围内也是佼佼者。只是，日本的帝国主义武装侵略，在东方挑起了比欧洲战场更长时期的大规模战争。当时不是没有人看出日本的这种侵略动向，然而，日本的舆论甚至学者们的知识，都不能抵制军国主义要求国民向国家权力屈服的趋势。当时，日本的一些汉学家对于中国的情形非常了解，但是在军国主义的体制下，军人指使的国家权力强迫他们不得发表批评，甚至不得违背国策做独立的研究。日本的大学曾经教育了一个时代的现代公民，他们也知道国家不能走向自我毁灭的道路。然而，许多信仰民主制度的学者和公民在政府强烈的压制下，终于不得不低头屈服。日本军国主义扩张的后果是侵略周边的国家，大肆屠杀，造成无数人民流离失所。后来的结果众所周知，日本尽其全力也征服不了亚太地区，反而惹来了两颗原子弹。直到今天，日本还是受美国保护的国家，自己的主权并不完整。

官僚制度的膨胀是现代国家的通病

上述两种体制的国家，还面临另一个共同问题。几乎任何复杂的大型组织，只要形成科层制度❶，就难以避免管理系统的老化和衰变。政府结构的复杂系统就是官僚制度，一旦功能有分割，就难以避免不同单位间的权力冲突。人有惰性，在习惯的工作以外不愿再增加新的工作，推托之后就只好另立单位来执行新的任务，这导致了政府官僚机构的日益庞大。此外，上级往往不愿意下级握有太多的权力，常常会设立新的单位以分下属之权。凡此种种矛盾，使自古以来的大型国家官僚组织，都无法逃脱其膨胀臃肿和周转不灵的痼疾。

以美国而论，我自己眼看着美国政府单位越来越多，衙门越来越大，效率越来越低。例如，20世纪初，美国曾经为了防止枪支和烟草走私设立了一个"枪械烟草管制局"；后来又为了维持国内的治安，设立了联邦调查局，其时最主要的纠察对象是黑手党等地下犯罪组织；二战时期，美国又设立了中央调查局作为情报单位；"9·11"事件以后，又设了一个国土安全部。这几个单位每一个都有巨额的预算、庞大的组织，可是彼此并不协调，叠床架屋，互相冲突，国内仍旧时时出现不幸的事件。又例如，美国的邮政局过去效率相当不错，可是为了扩大编制以容纳种族平衡原则下的

---

❶ **科层制度**：通过层层委托或者代理的关系完成内部事务的组织形式，有着鲜明的上下级、控制与反控制特点，与等级制度类似。

雇员，效率反而变差了。我1957年来美读书，一封本市信件早晨发出，下午收到，而今天本市信件往往要四天到一周才能寄达。相对而言，民间的邮递机构只要四天到一周，便可以跨越美国，将信件从西部送到东部。今天的美国政府组织庞大，人员众多，不仅行政单位叠床架屋，甚至每个国会议员的办公室助手，都从五六位渐渐扩张成为数十甚至上百人。全国各级立法机关和行政机构也都一样，人多手杂，不能办事。

现代资本主义社会的企业组织，也躲不开上述官僚制度的毛病。一个大企业开创之初，工作人员少，效率高，到了一定的规模后就增加了许多冗员。匹兹堡市曾经是美国的钢铁中心，总部设在匹兹堡的美国钢铁公司的最上层，从最初的一个副总裁，逐渐增加到十三个副总裁。到了这个阶段，"美钢"就不能和其他国家的钢铁业竞争了。那座有十三个副总裁办公室的"美钢"大楼，今天已经卖给了匹兹堡大学医疗中心。"美钢"一蹶不振，美国的钢铁工业也就拱手让人了。

那些集权的国家，在初起的时候，权力集中，结构简单，效率必定不错，上述的德国、日本就是如此。如果时间超过两代，效率一定会降低。以中国过去的皇帝制度为例，主要王朝的第一、第二代往往政治清明，人民安居乐业。第三代以后，官僚制度膨胀，政府组织逐渐臃肿和虚胖。加上权力集中以后,当权者不是一个人,也不是一群人,而是一个集团,集团中的人物彼此包庇,互相扶掖,只要是自己的亲戚朋友,不论贤愚,都会在整个集团的庇荫下取得高位。如果不当官,也可以借着官家势力聚敛财富,由贵而富,终于侵蚀掉这个政权的核心。这种专权集团在彼此的保护之下,不会听取外面的批评和规劝,不到全盘腐烂不止,不到溃散无余不停。

在欧洲历史上,那些大帝国因为历史不长,还没达到中国王朝的腐败程度。天主教的教廷却是千年不倒的老机构,中古时代就已经腐败了,宗教革命以后稍有改进。今天,教廷内部已经腐烂不堪,新的教宗有志于改革,可是鉴于他前面几任的往例,他的改革之念恐怕也终会落空。

现代主权国家体制当初出现在欧洲时,就是因为在古代"普世体制",例如帝国之下,国家的规模太大,难以发挥有效的统治。相对而言,现代的主权国家人口和疆域比较确定,有一个体制充实的共同体。但现代文明的经济制度和社会形态远比过去复杂,仅是沿袭过去政简刑轻的传统治理方式不足以应付新的形势。也就在这个境界上,组织化有其阶段性功能。然而,组织化也有其脱不开的老化命运。将民主国家与民族体制国家对比,民主国家究竟还是有其可取之处:这种体制虽然效率不高,却不容易出现强人,也不容易出现长期掌握权力的利益集团。民主制度的

第十三章　国家功能的衰变

圣彼得大教堂

位于意大利首都罗马西北郊的梵蒂冈城国,是世界天主教的中心,坐落在这里的圣彼得大教堂是在圣伯多禄大教堂的基础上重建的,于 1506 年动工,是天主教最重要的象征之一。

国家因为有人民选票的监督,就有其更新重整的机会,远比看上去效率强大的集权体制有更大的弹性,因此有更好的改进空间。

第十四章

主权国家的排他性

主权国家对外的排他性与对内的绝对性

自从三十年战争以后,欧洲兴起的国家都是主权独立的国家。在此以前,欧洲的政治秩序是双轨的:一方面是教廷领导的宗教秩序;另一方面是当年罗马帝国留下的所谓神圣罗马帝国秩序。后者实际上是一种霸权制度——在许多封建诸侯之上,轮流产生一个被称为皇帝的霸主。这两种秩序都是相当复杂的系统,权力从上到下分若干层级,任何一级都不是绝对的,也不是排外的。

而现代文明中的主权国家,其权力对外是排他的,对内是绝对的。这种政治结构在世界各处固然也曾出现过,但并不像在现代文明下的主权国家如此普遍。而且,在现代文明覆盖全世界时,这种政治制度也成了普世的常态。

由于对外的排他性,一个国家与另一个国家之间最多是结盟互助,而不能够互相重叠其主权。由于对内权力是绝对的,于是,即便是美国这样的民主国家,虽然在宪法上保障人民有革命的权利,但实际上任何政权都会以国家权力自居,不容许内部出现向政权挑战的另一权力。

在如此情况之下,每个国家为了在资本主义经济秩序中各自争取资源和市场,面对被侵略、被剥夺国家的抵抗,国与国之间就不可避免地有武装冲突。过去五百年来,弱势的国家或民族不断地在西方势力扩张时或被灭种,或被奴役。如果两个西方国家在争夺资源和市场时无法共存,也必然兵戎相见。从17世纪到今天至少四百年间,欧洲国与国之间相争,烽火不熄,强凌弱,众暴寡,各国的版图时时改变。举例言之,德、法之间的阿尔萨斯和洛林这两个煤铁产区,几度在这两国之间转手。又例如,波兰和德国之间也有一片被称为东普鲁士的领土,屡次被改变归属。至于近代,从19世纪初到现在,两次世界大战将全世界的主要国家都卷入了长期战争。究其原因,一切动听的口号其实都是虚假的,真正的原因不过是争夺市场和资源而已。

在历史上,欧洲以外的文化系统也不缺少国与国之间的斗争。举例来说,中国在春秋战国期间,尤其在战国时期,几乎出现了类似今天主权国家的政治体制,列国之间的斗争也是为了争夺领土和资源。只是在秦汉以后因为一个多元而复杂的"天下"秩序出现，东亚的广大土地上难以见到像欧洲一样的民族主权国家。在东亚的"天下"系统之内，各种政治单元以不同的方式和不同的权利与义务，存在于皇帝制度的巨大系统之内。从皇帝的朝廷到少数民族的土司部落，到各处邻居藩属以及各种与政权共存的社会力量，各种共同体谁也不能拥有绝对的权威，谁也不能完全排斥另一个共同体。

全球性的经济文化融合打破了主权国家的排他性

欧洲出现的这种排外而绝对的国家体制，其根源可能来自历史上的移民潮——那些所谓的"蛮族"一批一批进入欧洲，在各地落户生根。早自希腊半岛上城邦的出现和横跨欧洲大陆的凯尔特人的迁徙，后至中世纪各种"蛮族"渗入罗马帝国疆域，终于从内部取代罗马帝国，建立了许多以武装力量为主的政治单位。这些人花了一千余年的时间进入欧洲大陆，屡次改变欧洲的版图。每一个行动都是以武力斗争的方式夺取土地、人民和资源。一个武装族群的迁移，是你死我活的斗争过程。于是，族群对外不能有模糊空间，"我"和"他"是截然不同的两种人。"我"以外的人都是可能的敌人，在"我"掌握的疆域内，除了自己人以外，其他人都是被奴役压制的人群。这种因长期武装迁移夺取地盘的历史过程,在世界历史上其实不多见。也许正因为这个传统,欧洲人好勇斗狠也积极进取,正反两面的形容词在其内表现一致。

到了近代世界,很多人觉得国与国之间应当和平相处。第一次世界大战后,就有国联❶的筹划。威尔逊的期望终于因为德国、意大利和日本而落空,他们藐视国联的和平原则,挑起了侵略战争,使得国联形同虚设。二战期间,美国总统罗斯福在参战以前的1941年提出《大西洋宪章》,希望战后的世界有一个国际秩序,使得国与国之间的争夺不至于引起更多的战争。他也主张战后的世界人民应当享有信仰的自由、言论的自由、免于匮乏的自由和免于恐惧的自由。战后大家寄希望于联合国❷能够成为国际和平秩序的维持者,以这种方式来达成这个理想。今天,联合国存在已将近七十年,仍有待树立真正的权威。

倒是二战以来经济的发展,使地区间的经济交流空前活跃。于是,欧洲各国以共享资源为目标,组织煤钢同盟,

---

❶ **国联**:国际联盟的简称,第一次世界大战后,为调解国际纠纷,控制并降低武器数量而建立的国际组织。成立于1919年,总部位于瑞士的日内瓦,二战后被联合国取代。

❷ **联合国**:当今世界规模最大的由主权国家组成的国际组织,旨在促进各国在国际法、国际安全、经济发展、社会进步、人权及实现世界和平方面的合作,1945年成立,现有193个会员国。

第十四章　主权国家的排他性

国联成立

1920年1月16日,国际联盟第一次会议在巴黎召开。

并逐渐演化成今日的欧盟。欧盟一步一步提升国与国之间的合作关系，不断扩大欧盟涵盖的区域，俨然成为一个具有联邦雏形的区域性组织。世界其他地方也在发展类似的国际组织，寄望于未来能成为区域性的合作组织。最近这几次经济危机如果没有欧盟的干预，若干欧洲国家将无法继续存在。虽然欧盟成员国之间还需要更多的磨合，才能真正地和平相处，但至少这种体制已经隐然有代替主权国家的趋向。

在正式的国际合作组织以外，全球性的经济网络实际上正在不断地加强国与国之间的联系，也在不断地消解国与国之间的界限。从历史来说，自从发现新大陆以来，世界各地的经济交换和文化交流，使得世界逐渐进入一个全球化的文化经济网络。20世纪后半期，"世贸组织❶"的构想涌现，经过各个时期的变化，今天世界上许多国家都已经纳入"世贸"的条约网络之内。关税壁垒已经逐渐破除，商品的流动越来越顺畅，于是，国与国之间的互相依赖也渐渐成为无可改变的事实。当然，在这种国际关系之内，大国、富国、强国对小国、贫国、弱国，还是有一定的优势。只是

---

❶ 世贸组织（WTO）：世界贸易组织的简称，成立于1994年，其前身是1948年起开始实施的关贸总协定，现已成为当代最重要的国际经济组织之一，有"经济联合国"之称。

强者逐渐发现自己也在依赖弱者的支持。大家如同一个篓里的螃蟹，牵牵扯扯拉成一团，谁也丢不开谁。

经济全球化时代主权国家面临着内外双重挑战

通过正式国际组织之间的约定和实际上经济的互相依赖，以及文化交流造成的涵化❶，今天的世界已经无法分割为若干个绝对的主权国家，每个主权国家都必须在某些方面放弃一部分主权，以求得全球性的共存，这一新的形势有其好处，也有其坏处。

从好的方面说，国家在集体的国际秩序下必须放弃一部分主权。例如，因为世界工业化的加速发展，人类使用的能源造成了空气大规模的"碳化"，其后果则是全球性的气候变暖。任何一个单独的主权国家都必须认识到，全世界共享一个大气层，各国都必须接受国际协议，共同节用能源，针对"碳化"现象各自努力，约束其利用能源的方式。又例如，全球性的世界卫生组织帮助每一个成员方解决了许多公共卫生问题，使得瘟疫不致蔓延。联合国这一涵盖全球的国际组织虽然还只是一个空架子，却也在许多情况下使

---

❶ 涵化：人类学上的一个重要概念，指异质的文化相互接触后引起各自原有文化模式变化的现象。

我们去向何方

联合国总部
图左侧大厦是位于美国纽约的联合国总部。

国与国之间的争执有了一个彼此辩论的场合，不至于立刻就动刀兵。数十年来，区域性的变乱从未停歇，大规模的全球冲突却也没有出现。联合国这个空架子还是有其一定功能的。

　　从坏的方面说，经济全球化下，发展程度不一的国家必须在同一个场合内彼此共存，形成新的经济分工。例如，在那些人力成本高昂的国家，工厂主将工厂迁移到工资低廉的国家，以节省生产成本。对于前者来说，工人们失去了工作机会，而投资者获得了更多的利润；对后者而言，本来没有工作的人有了工作机会，但大部分的利润却没有留在这些国家，而是转移到了投资者所在的富国。不仅工厂迁移，所谓业务外包❶也一样将许多工作从经济发达国家转移到经济落后的国家。若干工作，例如美国的会计、翻译、电话接线员等，都往往经由电子信息传播渠道，外包给印度和菲律宾的包工组织。大型零售商，例如沃尔玛，从中国和印度等地订购商品，在美国出售。这种做法相对压低了美国的零售物价，使一般老百姓有能力维持一定的生活水平。可是，很多本来生产同样商品的小厂家却不能

---

❶ 业务外包（Outsourcing）：企业通过使用外部的专业化资源，将非核心业务交给外部企业，以达到降低成本、提高效率、增强企业竞争力的一种管理模式。

够再维持原有的生产线，许多劳工也因此失去了工作。

世界经济的全球化，抹去了原来各国之间的经济界线。高工资地区的产业转移到低工资的新兴工业地区，原本输出商品的国家因为产业转移，变成商品的输入国。进出口贸易的逆差，使得美国和其他高度工业化的地区，由盈余一变而为负债。这些国家不得不发行债券，拖延结算债务的时间。另一种避债方式，则是故意让本国货币贬值。这一方法乃是双刃剑，反过来也会增加输入资源的负担。经济学家们对于国家债务，要么通过膨胀信用刺激经济，要么收缩经济、节约度日。前几年，欧洲若干国家的经济因为负债太重濒临破产，欧盟不得不倾力干预，由较富的国家接下债务。这一欧债危机几乎拉垮半个世界。日本拥有大量国际债权，却不能拯救本国经济的停滞。日本经济的疲软已经有三十年之久，至今没有振兴的方法。日本的企业家、富有者拥有足以敌国的资产，但是，他们的财富似乎都逃避在外，日本政府没法征收他们的税款，以挹注不足。大家都认为，美国应当以日本为鉴，避免重蹈日本的覆辙。

在前一篇谈到资本主义的问题时，我们曾经提过，以货币作为商品的新经济在经济全球化下，有跨区域获利的机会，也找到了将财富藏于境外的漏洞，对于这些游走于国际的资金及其获得的利润，国家的权威完全无法征收其应付的税负。而在工业生产分散的局面下，国家对于垄断市场的

第十四章 主权国家的排他性

大商家以及操纵市场的金融业者一筹莫展，无法以"反托拉斯法"约束其不当行为。今天的世界经济已经脱轨，任何单一国家的权力都已经不再能约束和节制经济的放任。

今天的人类社会，常以民主与自由作为组织现代国家的基本要求。西方民主政治有其基督教信仰中"天赋人权"的价值观，公民通过民主的程序，将自己个人的权利委托于国家。在这一共同体内，个人主义还是存在的要件。对内而言，在主权国家的民主政治体制内，人民本来有权约束国家公权力，使得人民享有充分的自由。以美国为例，联邦权力与州权和地方权，从立国以来就有一定的彼此制衡，可以尽可能地约束联邦权力代表的国家公权力。但在今天这个流动性极高的社会，人们很难认定自己是哪一个地区或哪一州的长期居民。个人在各地迁移流转，无法在任何地方生根，而国家权力却无所不在。因此，在这样的情况下，公权力反而更为强大。

而在那些集权的国家，公权力自然掌握了更多的统治工具，除了与公权力有密切关系的人之外，一般百姓无法躲避无所不在的国家权力，更遑论向公权力挑战。于是，一个吊诡的现象出现了：主权国家对外的排他性因为全球性网络的出现而逐渐萎缩，对内的绝对性却因为人群的离散和社会关系的松解比以前具有更大的威力。

不论对内、对外，数百年来被视为常态的主权国家，今天似乎也走到了不得不变的局面。国际秩序能够逐渐代替排外的国家主权,对于迈进世界大同当然是一个好的开始。然而,如何一方面将国家权威保持到足以维持治安,也足以矫正第三阶段资本主义经济的偏差,以社会福利的公义匡正贫富悬殊的现象;另一方面又不至于因为国家权力掌握了强大的统治机器,使人民无所逃于国家威柄,因此丧失平衡国家的基本权利?个人主义与国家共同体之间,主权国家与人类社会的普世共同体之间,无不必须找到适当的调和,方能消除紧张,重建互利共存的关系。

第十五章

资本主义与国家的运作

前面几章讨论现代文明的国家体制,着重点都在如何反映国民的意旨,或者如何组织一个族群利益共同体。而在这一章里,我们要陈述两三百年内资本主义的逐渐成长,每个阶段资本主义与其所寄托的国家如何共同运作,促成表里相济的发展。

早期资本主义发展的"威尼斯模式"

关于现代国家的体制,早在16世纪,马基雅维利的《君主论》(1532)第一次描述了一个和过去封建领主不同的统治者——这种君王完全在现实层面运用权术,掌握全国的资源和权力。一般学者都认为,马氏的描述完全不顾及君主行为的道德层面,因此认为他是阴谋家。然而,他却预告了一种新的国家体制和权力结构的涌现，这种国家体制将代替过去君臣主从的封建关系，而以权术寄托于制度，使君主可以将国家组织成为一个权力有机体。这种国家对内是求安定，对外则是求拓展。

在启蒙时代的1651年，霍布斯❶的《利维坦》出版，以《圣经·约伯记》中的海兽形容国家统治者的巨大力量，我称其为权力的"巨无霸"。在国家的巨大权力之下，个人几乎无反抗的余地。然而，这个巨无霸在对外关系上却相当程度地保护了国民。1690年洛克❷的《政府论》出版，也是提醒大家从契约论的立场，警惕政府权力侵犯国民的自由和权利。

以上三家对国家权力的描述，无论是正面还是负面，都提示这种新的共同体对内、对外都有超过个人的力量，甚至于私人组织的团体——公司行号——在国家权力面前，都得既接受国家的保护，也接受法律的约束，无法与国家对抗。有了如此强大的国家权力存在，国与国之间的相对位置，也就决定了不同国家的公民在经济关系上也有其相

---

❶ 霍布斯（Thomas Hobbes，1588—1679）：英国政治思想家，社会契约理论的奠基者。
❷ 洛克（John Locke，1632—1704）：英国哲学家，主张生命、自由、财产是人类不可剥夺的天赋人权，对自由主义的发展有极大影响。

对的强弱。这三部著作问世早于亚当·斯密的《国富论》，为《国富论》开了前导，铺陈现代国家与资本主义发展的关系。就在这种环境下，资本主义的运作与国家制度的成长几乎同步进行。资本主义发展成功的地区，经济利益往往寄托在国家权力之上。

以威尼斯、佛罗伦萨、热那亚为主的几个地中海航运城市，它们的存在和利益都与海运和长程、近程贸易密切相关。为了实现长程贸易，资金和信用的筹措，借贷关系的互信，进货、出货的网络等都要依靠能互相信任的单位彼此协作，也依靠国家制定的法律作为裁决的依据。国家的权力和资本主义的运作因此已经相当紧密地结合在一起。资本主义既然是为了求利，只要有方法获得更多的盈利，这些银行家和商人就会借助国家力量，以国家的力量作为后盾，甚至以武装力量作为最后的支援。几个主要城市之间为了商机，或垄断居奇，或压价倾销，有时合作，有时对抗，尔虞我诈地争夺利益。

威尼斯曾经以城邦本身的信用做保证，代替教廷搜集各个教区的"贡献"。威尼斯可以预先向教廷缴纳，各教区分配的"贡献"数字当然可能打个折扣，保留作为服务费。然后，威尼斯自己派人到教区，搜集向教宗缴纳的捐献。威尼斯也曾经用自己的海军力量，甚至借用宗教战争时的武力，以安排后勤补给及运输作为交换，武力兼并巴尔干半岛海岸的海港城市，建立自己海运道路上的商站。威尼斯甚至借用宗教战争的军力不攻击伊斯兰地区，而是掳掠相关教会的城市，夺取大批的财富，建立自己在当地的控制权。这种侵略行为正是以国家力量来支撑的。资本主义本来的原则是将本求利，以各种可能的方法求得最大利润是投资人的共同目的。发展到威尼斯这种无所不为的地步，资本主义的海外发展实际上已经超出商业行为，变成一种帝国主义的侵略。

国家力量是荷、英等资本主义殖民扩张的后盾

威尼斯模式后来成为低地国家荷兰、英伦三岛和日后美国发展的蓝本。荷兰地方不大，耕地有限，又地处海拔低平的沿海湿地，靠自己的天然资源度日必定相当艰苦。于是，荷兰尽力发展海上活动，先是发展捕鱼和海运，然后凭借地处欧陆西北角连接北海与大西洋的地理条件，在海运基础上发展了远洋贸易。荷兰的远洋商船都有武装，其船型又便于迅速移动，具有海战的优势。于是，他们在海上称霸，平时做买卖，碰到弱的对方就以掠夺代替交易——海商和海盗其实是一体两面。葡萄牙人开辟新航路后，荷兰商队沿着东方航道向印度洋和太平洋发展。他们一路搜购，以资金购买商货，如果觉得独占更为有利，就会干脆占

领某处出产香料的小岛,建立自己的货仓和据点。在有些航道的必经之处,他们也会以武装力量占领一块土地,建立堡垒和货仓,中国台湾的红毛城❶、安平古堡❷就是17世纪时荷兰人建立的基地。荷兰人因此建立了庞大的海上帝国,印尼巴达维亚❸和马来半岛尖端的马六甲一带,都是他们建立的据点。16世纪到17世纪之间,荷兰的本土疆域并不大,但在当时俨然是欧洲最强大、最富有的国家,就是因为他们将资本主义的求利动机配合国家力量,发展成帝国主义的侵略。

英国的发展更是荷兰模式的发扬光大。英伦三岛僻处西欧大陆的外海,内部族群复杂,天气也比较寒冷,除了农业以外只有畜羊业作为维生的经济基础。然而,在新航路开辟以后,本来地方偏僻的英伦三岛却有地利之便,投身远洋贸易。英国后来居上,很快压倒了荷兰,成为海外发展的强大帝国。英国早期的商船基本上都是武装的。除了运

---

❶ 红毛城:位于我国台湾新北市淡水区,旧称圣多明哥城,1628年由占领台湾北部的西班牙人所建,后被摧毁,由荷兰人于1644年重建,又称安东尼堡。

❷ 安平古堡:位于我国台湾台南市,旧称热兰遮城、奥伦治城,是台湾地区最古老的城堡、要塞建筑,建于1624年,曾是荷兰殖民者统治台湾的中枢。

❸ 巴达维亚:印尼首都雅加达的旧称。

货以外,在航道上如果碰见荷兰或者西班牙、葡萄牙的商船队,只要自己力量够强大,他们就会毫不迟疑地将这些商船载运的货物掠为己有。那些海盗王回到英国,带来了金银财宝和商货,常可得到英王的封赏,厕身贵族之列。

英国迅速地建立了庞大的海上帝国,在不同的地区利用当地的资源和天然条件,发展一些特别有市场的商货。例如,在西印度群岛的英国殖民地,他们发展了糖业;在北美的南部和沿海,他们种植了烟草和棉花;在加拿大一带,则是有计划地采伐森林和取得皮毛;在印度,他们取得靛蓝和红花等颜料。到后来,他们在印度种植鸦片,运送到中国来贩卖,换取中国的丝绸和瓷器。这种有计划地开拓货源和网状的运转,使英国在国际贸易上获得了极大的利润。当然,我们还不能忘记英国人和其他欧洲人也成批成批地掠夺非洲的百姓,将他们作为奴隶运送到世界各处贩卖。这个"日不落"的大英帝国,以国家力量全力配合资本主义的对外贸易,掠夺资源,霸占市场。为了商贸利益,英国不惜以海军投入国际战争。例如1840年的鸦片战争,英国最初的目的是将鸦片输入中国,以平衡中、英之间的贸易逆差。这次战争和以后一连串的对外侵略,都是为了在中国这片土地上获得无穷的商机。英国必须强迫中国开放门户,才能获得利益,中国不开放,他们就不惜以舰炮轰开中国的大门。

荷兰的对外开拓是以荷兰东印度公司❶作为商务开拓的组织，并以国家的海军和财力支援这些对外活动。英国也是以不列颠东印度公司❷作为同样的开发单位，后来则分设了许多不同的公司，专门经营一些特别的项目或地区。到最后，英国的一些海外业务以银行、海运公司、保险公司、特产商站等各种不同的面貌在世界各地经营，为大英商民取得利润。这个阶段的投资者就不一定是皇室或贵族了，英国一些小市民或者本来是地主的乡绅，也会购买多少不一的股份，全英国的商业活动基本上是以海外活动为最大的利润来源。代表英国在外利益的，则是所谓的"领事权"——以领事的名义代表整个国家，支撑了唯利是图的海外资本主义扩张。他们唯利是图，也常常无恶不作。

掠夺性也是美国资本主义发展的文化基因

美国继承大英帝国，成为20世纪中叶以后世界上最大的资本主义帝国。从北美十三个殖民地到美利坚合众国成

---

❶ 荷兰东印度公司：成立于1602年，1799年解散，由荷兰议会授予其贸易垄断权，并可以自组佣兵、发行货币、订立条约、实施殖民统治等。

❷ 不列颠东印度公司：1600年，英国女王伊丽莎白一世授予东印度公司皇家特许状，给予它在印度进行贸易的垄断特权，后从一个商业贸易公司发展成为军事、政治、经济合一的殖民机构。

我们去向何方

不列颠东印度公司在伦敦的总部

东印度大楼（East India House）原本位于英格兰伦敦市的利德贺街，曾经是英国东印度公司的总部。大楼由建筑师理查·贾普于 1799 年至 1800 年重建。

立，欧洲移民全盘夺取了原住民的土地。他们又大规模地奴役从非洲掠夺来的黑奴，以及包括华人在内的契约劳工，将新大陆这块处女地开发成了地大物博的强国。从西班牙到英国，欧洲人将新大陆的资源——包括西班牙运到欧洲的大量金银和英国在美洲开发的许多天然资源——转变为史无前例的庞大资金，这一资本的总数可能超过新航路开辟以前整个欧洲几千年累积的资本。欧洲移民在美洲的开发和建设，将这块新大陆的资源发展为比那些掠夺的现金更为巨大的资本。如上所述，这块无偿取得的沃土，加上黑奴、从亚洲招募的廉价劳工、移民美国的欧洲穷人……借助这些劳力的汗水，美国才迅速地从农业国家转变成主要的工业国家之一。

美国全球性的商业活动尤其集中在亚太地区和南美洲，其国家投入的力量比英国投入殖民的力量还要直接而有力。美国曾经为了打开日本的门户，派遣一支海军舰队驶入东京湾，强迫日本开放对外贸易。为了保持中国门户开放，美国不惜挑战所有已经在中国具有特殊势力的欧洲强国，要求中国的门户对所有国家开放。美国使用的"领事权"完全和英国一样，代表国家全力保护他们的商业活动。

第一次世界大战以后，美国已经跻身资本主义强国行列；第二次世界大战以后，美国成为世界上最大的强国。美国执世界的牛耳达半个世纪以上，一直到今天，才因为工业外移和内部过度膨胀呈现衰败的迹象。在将近一个世纪内，美国宣称"美利坚合众国的事业（business）就是商业（business）"，与此类似的名言还有"通用汽车的利益就是美国的利益（What is good for General Motors is good for United States of America）"。这种心态坦白地说明了资本主义扩张和国家力量的霸业是连体双生，不可分割。

韦伯❶曾经提及资本主义发展和新教伦理的关系。有些中国学者误解了他的原意，以为其指的是勤俭、朴实和诚实等品质。其实，韦氏原意是用加尔文教派神恩预定论❷——为了证明自己蒙受神恩，就必须努力工作，以体现神的恩宠——来说明因使命感而发挥的工作潜力。荷兰的资本主义发展最盛时，最得势的基督教教派便是加尔文派。这种说法可以解释为什么那些早期资本家投身事业时全力以赴。也因为有这种使命感，他们才会以"成功（赚大钱）"作为人生的目标。资本主义的目的是赚取最大限度的利润，因

---

❶ 马克斯·韦伯（Max Weber，1864—1920）：德国法学家、经济学家、社会学家，现代社会学的主要创始人之一。韦伯在他的代表作《新教伦理与资本主义精神》中提出，宗教的影响是造成东西方文化发展差距的主要原因，新教伦理在资本主义发展史上扮演了重要角色。

❷ 神恩预定论：加尔文主义神学理论体系的中心理论，认为上帝以其恩典指定某些人得救的永恒命运，而留下其余的人为他们自己的罪甚至人类的原罪受到永恒的诅咒。

此无所不用其极，将国家力量也拖入整个资本主义逐利的活动中。我认为，当年进入欧洲的所谓"蛮族"，归根结底都是凭武力掠夺和侵略的战斗部落。因此，在这样的文化基因下，这些白种人的国家不过是将当年战斗部落的掠夺性转换成了资本主义的掠夺性。

犹太教中"上帝的选民"是以色列人；从犹太教转变为基督教，则基督教徒成了"上帝的选民"。犹太－基督教是尊奉独一真神的宗教，具有强大的排他性。因此，在这种价值观念上建立的国家也具有文化排他性。启蒙时代以后，宗教的束缚已经解除了，可是排他的文化基因还在，以至于从排他的立场上讲，白人可以不顾人权的普世价值，奴役其他族群，掠夺其他族群；异教徒的弱势族群当然更被置于人权范围之外。美国立国，人权为本，可是将近百年后，才因奴隶问题挑起内战。内战以后，理论上黑奴已经得到解放，可是直到20世纪中叶，黑人还在抗议没有真正得到平等的待遇，由此引发大规模的民权运动。今天，又经过了半个世纪，黑人还是居于弱势。美国的移民法对有色人种的待遇不同于对待从欧洲来的白人。所谓《排华法案》❶，

---

❶ 《排华法案》：美国国会于1882年通过的一项法案，法案禁止华人劳工进入美国，是美国历史上针对自由移民最严厉的限制之一，直至1943年才被废止。

我们去向何方

1891 年美国白人鞋靴工会的排华传单

就是不把所有人当作具有同样人权的人类。

除了族群的差异以外，有钱人认为他们的成功是神恩的选择；相对地，穷人失败的命运，就是他们没有蒙受神恩的表征。美国立国一个半世纪以后，才有罗斯福的"新政"，正面地将社会公平和正义的原则予以实现，推动了社会福利国家的建立，从法律上让穷人也有了生存的机会。然而，现代科技与工业，甚至与工业化的农业结合，都必须具备庞大的资金与复杂的组织，方可支撑。生产过程中的雇员，不论是基层劳工还是技术与管理人员，相对于掌握资本的企业组织，都没有讨价的余地。主从、贫富之间，不再有平衡的机会。曾经能团结劳工的工会，已经衰微。大企业的拥有者与高层管理者掌握了各种形态的资源，不仅富可敌国，更能操纵属于国家的公权力，以致不到人口百分之一的富贵人物常保富贵，而人口中将近一半的穷人，即使有社会福利制度做保障，得以苟活，也很难有翻身上升的机会。

现代国家不论是民主还是集权，其国家机器与资本/信用的运作，都有密切的关联。任何国家的政权，都不愿自己的银行与证券市场崩溃。以美国为例，20世纪90年代，美国曾经因为"次级房贷"虚假包装的信用烂账，引发了严重的经济危机。美国政府担心这一风波会引发更严重的危机，不得不出面干预，稳定金融市场。其实这一类风波经常出现——经济发生危机，国家一肩担过，玩弄信用的金融界将烂账丢给政府；政府通过发行公债或者实行财政赤字政策，将负债拖延住，最终由全体纳税人慢慢偿还债务。另一项资本主义的利益，则是借国家公权力阻挡科技发展——生产产品的投资者利用专利法，搁置新商品的问世。这在第九章已有陈述，此处不赘述。由此可见，资本主义的运作，其实从来都由政府这只看得见的手不断干预。

凡此都说明，资本主义运作和国家力量的结合，并不是如同我们从字面上看见的一样——资本主义是公平的竞争，国家的功能是维护人民的福祉。现代文明的这两根支柱其理想是可贵的，但是其实践却无非是人类历史上大规模带血和不带血的掠夺和奴役。

第十六章

现代社会的松弛和解体

各种社团组织连接起来的中古、近古民间社会

人类是社会性的动物,正因为人类合群,才能够从动物中脱颖而出,成为地球的主人。最初的人类群体是血缘群体,起初是由夫妇子女构成的家庭,然后扩张为家族及至更大的宗族,若干宗族再通过婚姻关系结合,不断地扩张成为部落。血缘之外,因为谋生的需要,也会组织成许多不同的社群。例如,在狩猎的时代,猎人组织为猎群,合作抵御猛兽,猎取猎物。牧人们也一样,必须有若干人合作才能驱赶大群的牛羊,往返于牧地之间。农耕发展起来以后,人类逐渐开始定居生活,乡党邻里不仅在农耕上可以互助,在日常生活中也可以守望相助。更常见的则是血缘与工作的社群,因为居住邻近成为地缘的大集团,从村落

开始，也可以组织成为更大的部落，甚至最后成为国家的原型。

我们不必远追到古代文明，单以近代欧洲历史上的事迹论。中古时期，教会功能超过国家的功能。在宗教革命以前，天主教的教堂遍布欧洲各处，每个教区都是一个有机的社群。一般人的生活从生到死，一生的大事如婚姻、就业等，都记录在教区的档案里。那些封建领主的庄园反而不会有当地人民的生活记录。教会一般是社会活动的中心，当地人除了平时去教堂参与弥撒、告解等宗教活动外，儿童的教育、贫穷人家的救济、职业的安排、节庆聚会等，都是在教区之内开展，已成为社会的共同生活。这些日常的琐碎生活在一般史料中不会留下细节，一直到近代法国的年鉴学派❶史学家，才开始注意中古和近古以来一般平民的活动。在年鉴学派的几本关于社区历史的研究著作中，几乎没有一本不是根据教区记录、围绕教会的活动编织中近古庶民历史的。

在封建领主管辖下的农村，农民平时也有一些休闲活

---

❶ 年鉴学派：20世纪40年代诞生于法国，有世界性影响的史学流派，第一代的主要代表人物有吕西安·费弗尔和马克·布洛赫，他们创办的刊物《经济社会史年鉴》成为这一派史学家的主要阵地，年鉴学派也因此得名。

动。例如，农闲之时村民成群结队进入森林，采集食料和猎取小动物。这种村落活动通常以不同的年龄群为形态，分成中年人、青年人、妇女等不同的团体。这些团体实际上成为社区内部的各种网络。例如，妇女们的共同活动有时会成为妇女们团结的组织，作为妇女权益的后盾，在夫家受到不公的待遇时，这一类妇女团体可以挺身而出，维护妇女的利益。村落中的各种团体经纬错杂，组织为民间的力量，在必要的时候，他们可以向领主抗议，甚至反抗领主的权威。同样，领主也可以利用这种团体组织地方武装。英国克伦威尔的革命，就是他从自己领地内抽调五六十个强壮的青年，组建了他的铁骑兵。这一模式被别的领主仿效，终于组成一支庞大的武装力量，由乡绅们领导，作为国会军的基础。

在近古城市中，同业工会是专业工匠的组织：铁匠、石匠、木匠、船夫、车夫等，都有他们自己的同业组织。他们也通过这个工会召集年轻学徒传承手艺，工匠的资格并不是由国家证明，同业工会有权证明某一个年轻学徒已经可以出师做工了。现代大学学位制度中，硕士的名字就出自已经"出师的学徒（master）"。不同行业的工匠也可以横向地互相联系，组成一个工作团体，欧洲中古和近古修建的大教堂，都是由石匠帮（masonary）组织各种不同的工匠，从设计到完成长期合作的。"石匠帮"这一名称后来成为欧

法国共济会总部的标志

共济会，英文名 Freemason，意为"自由石匠工会"，本是中世纪的石匠行会组织。现代共济会于 1717 年诞生于英国伦敦，逐渐演变为投身社会改革的政治团体。

洲的民间组织，势力庞大，犹如中国传统社会的帮会，其力量足以与国家权力抗衡。到今天，美国和欧洲还有"共济会"组织。类似的组织还有今天称为扶轮社❶的运输工人团体、称为青商会❷的各地商会联合组织等。当然，银行业、借贷业、运输船队也都各自有它们的同业组织，这些同业组织跨越城邦和国家，构成一个真正的民间社会。

20 世纪中期美国民间社团的发达

我初到美国是 1957 年，记忆中，那时候美国的城区、郊区有各种不同的大小团体，编织为一个社会的底层。在上面所说的各种同业工会之外，街坊邻居还组织起守望相助的治安团体，以补警察力量的不足。一个小社区，不管是在城中的街坊，还是郊区的城镇，当地成年人经常会在黄昏以后去几个酒店饮酒聚会。其实喝酒只是借口，他们主要是在这种场合交换信息，也将不同的社群经过横跨组织的机缘，在必要时联合活动。地方性的节庆是由他们组织的，

---

❶ 扶轮社：依据国际扶轮社的章程成立的地区性社会团体，各地的扶轮社都是独立运作，但须向国际扶轮社申请并获得同意。
❷ 青商会：国际青年商会，是世界上唯一不属于任何宗教派别或政党的青年服务组织，成立于 1944 年。

地方灾害的救济工作也是由他们组织的。那时候各地教会的力量非常明显可见。教会不仅是地方活动的中心，而且教堂本身就是聚会的地点。

当时正是美国民权运动从萌芽到活跃的阶段。我曾目睹选举时，街坊邻居中年长的妇女常常自动焙制点心，邀约邻居们聚会讨论，不仅讨论政党人选，而且更常讨论的是一些选举的主题。这些没有名称的小团体，实际上是政党活动的草根基础。他们跨政党参与，也在正面或负面投入民权活动的浪潮。不同教派的教职人员不能不尊重这些志愿团体的意见。于是，在教会每周讲道聚会以外，主日或黄昏以后的聚会都会以这些民间小团体的意见作为主题加以讨论，构成社区性的共识。那时候，大型的电子媒介还不十分发达，民意的形成基本上不是由媒介灌输给群众，而是群众在草根层次经过小团体的互动，酝酿成为选民的共识。

我所看见的美国当时的小团体，正式或非正式的几乎遍地都是。有人幽默地说，三个美国人在一起就可以组织一个团体——一位主席、一位秘书、一位会计。他们的休闲活动和社会参与之间几乎无法完全分开。所谓"俱乐部"就是这种基层组织。有些城市往往有几个历史悠久的俱乐部，会员是当地的精英领袖，结成民间的权力组织，足以影响地方政治，甚至通过选举影响国家政治。

另外，还有各种学会，有的是纯粹学术性的，有的则以学会的名义，结合一些意见相近的人士营造民间舆论，通过媒体——包括学报、杂志和其他新闻媒体——传达于民间。美国有一个成立于 1925 年的名为"太平洋国际学会❶"的组织，聚集了不少学者和政治人物，也拉拢一些企业界的领袖长期聚会，构建了美国对亚太地区的外交政策。美国工商业在亚太地区的扩张，就和这个学会提出的意见有相当大的关系。1946—1948 年，美国决定不再支持国民党，让中国的形势自然发展，终于给了共产党掌权的机会。这是一个例子，说明民间社团对于国家政策的影响有多大。

当今美国社会的松弛与解体

从 1957 年到现在过了半个多世纪，美国社会经历了很大的变化，社区和社群都不再似以前的有形结构。最显著的是教会的式微，无论是天主教还是各种新教教派，都在不断流失信众。以我居住的社区而论，方圆一英里之内，教

---

❶ 太平洋国际学会：1925 年由美国一些学者、实业家组成的国际性非政府组织，亚太地区 14 个国家有其分会。学会以"研究太平洋各民族之状况，促进太平洋各国之邦交"为宗旨，主要关注亚太地区的政治、经济、外交、文化、宗教、种族等问题，会员来自美国、中国、日本、澳大利亚等十多个国家，胡适曾任中国分会执委会委员长。

我们去向何方

堂的大建筑仍有不下二十个，但是参加礼拜的人越来越少，更不用说教会主办的其他活动了。最常见的招牌是天主教堂外每个星期五排出来的宾果❶，聚会或者不定期举行的拍卖、抽奖和捐款活动。教堂自己的力量越来越单薄，当然谈不上救贫济弱，甚至连养生送死、基本记录，教堂也无法掌握了。

自从美国的工业渐渐转移到工资低廉的国家，美国的工会也就式微了。匹兹堡曾经是钢铁工会和煤矿工会这两大工会的主要基地，可最近几年来，完全见不到工会的活动。当年轰轰烈烈的工会运动，曾经是罗斯福"新政"时代推动改革的主要力量。今天工人因为就业困难，所以谈不上团结起来争取福利。七十多年前，民权运动如火如荼，为黑人和妇女两大弱势群体争取公平和公义。那种民权组织今天也不复当年。2011年，美国各地都有"占领华尔街❷"等这一类的民间抗议，年轻人在冰天雪地中搭起帐篷，表达自己的不满。然而，满地开花的"占领"活动却提不出一个具体的口号。无数不满现状的青年有志于改革，平

---

❶ 宾果（Bingo，英文含义是"猜中了"）：美国常见的一种游戏活动，教会活动也常采用宾果游戏的形式传教布道。

❷ 占领华尔街：2011年9月17日，近一千名示威者进入纽约金融中心华尔街示威，抗议资本对政客和国家政策的影响使社会不公平的现象日益严重，这一群众性运动随后席卷全美各地。

第十六章 现代社会的松弛和解体

1956 年帕克斯在阿拉巴马州蒙哥马利市的公交车上

1955 年 12 月 1 日,黑人妇女罗莎·帕克斯在公交车上拒绝给白人让座,成为引爆美国黑人民权运动的标志事件,帕克斯也被尊为"美国民权运动之母"。

时却没有凝聚意见的场合。他们投身于抗议活动，却找不到改革的方向。这个国家是世界上最注重民意的地方，今天却到了这个地步——有了不满的民意，却茫然不知如何改革。言念及此，可谓长叹。在没有民意可以平衡和监督国家权力时，国家机器的威力就不是任何单独的个人可以抵抗的了。

就个人生活而言，欧美城市比较发达，交通便利，居民活动半径不断扩大，于是大卖场和大型超市代替了街头巷尾的商店；购物中心出现，生活小区消失；没有了邻里街坊，也不再有早晚见面的邻居和从小到老的朋友。

今天，个人拥有充分的自由，城市生活让人挤在公寓型的集体住宅里，各自早出晚归，虽仅一墙之隔，却互不往来。个人珍惜自己的生活，只求自保，甚至不愿意同声相应、同气相求，人跟人之间的关系疏离淡薄。婚姻本是人际关系中最亲密的纽带，但今天婚姻制度逐渐衰微，配偶之间分合无常，爱情也失去了终身不渝的坚韧。人类生存与延续，最为基本的联系，乃是通过婚姻组成家庭；一旦夫妻、亲子的关系也淡化甚至消失，我们如何盼望世间还有将许多孤立的个人结合为社群的机会？社区和社群也更难行使聚集散漫个人的功能了。

上一章曾经说到，现代国家机器掌握的权力远比以前强大。如果有民间的社会力量，还可以抵御国家对于个别公民的控制和压迫，当今天已没有这种联系的可能时，不仅集权的主权国家完全可以不顾民意为所欲为，即使在民主政治已经有长久基础的地方，如果所谓"民主"只是大企业经营者和职业政客操纵、利用的公权力，那他们就是"政府"，他们的决策决定了一般大众的生活，则无论多坚实的民主传统，恐怕也终将败坏而至消失。

现代文明的重要基石之一——人民的权利和与其相配的社会力量——现在已经摇摇欲坠。建立于所谓"新教伦理"之上的天赋人权理论，终究必须在"神恩"之外，寻找可以信赖的理论根基。将来如何重建足以支撑民主体制的民间社会，将是我们必须思考的重要问题。

第十七章

现代科学呈现的宇宙观

　　自从启蒙运动以来，现代文明的思想实际上分成两派：一派是以现代数理科学为基础建构的一套物理世界，以物理和化学作为基础，甚至对人的生理现象也借重物理世界作一番新的解释；另外一派则延续基督教神学，尤其是加尔文教派的新教理论，认为上帝的神恩赋予人类一定的权利，即所谓"天赋人权"。这一套神恩的人权理论，至今还存在于美国的宪法中；在没有成文宪法的英国和其他一些欧洲基督教国家，神恩理论也是或隐或现，被当作民主与自由两个价值观的基础。同时，加尔文派的"神恩说"对于个别信徒而言则是体会神恩的期许而努力以求回报，这一想法又是现代文明价值观的基础。

"物""人"两界的近代科学

自启蒙时代以来，随着科学的不断发展，科学能解释的现象已经一步一步地将神迹和神恩的阐释空间压缩得所剩无几。生物进化论将地球上种种生物的演化过程排成谱系，根据"物竞天择，适者生存"的原理，给每一种生物找到了最适合其生存的结构和功能。遗传理论配合进化论，将每一种生物物种如何延续、如何转变，也从生物化学的观点提供了许多言之有理的解释。进化论对于神恩的说法，可以共存也可以排斥——进化的原则和进化的过程，如果也在神意的规定之内，那就是一种进化神学；如果这一套规律有自己的逻辑和若干可见的规律性，就无须神恩作为主导力量了。进化论实际上已经将基督教神学砍伐不少，剩下的也很难自圆其说。在这种情况下，天赋人权与自由民主也就无从着落了。剩下可以解决的唯一方案，则是人类本身的理性已经达到了一个水平，理性本身就是一种动力。而人类对自己的存在自尊自重，也就形成了一种超越性的价值。

如前所说，在启蒙时代以后，物理化学勾勒出来的世界是个物质的世界。要到近代生物、化学、医学的种种研究出现，将意志、感觉和物理化学的结构重新结合为一，才开始形成互相依附的理论系统。否则，物的世界和人的世界无形中成了两个分隔的范畴。

启蒙时代开始的科学发展，为人类揭开了一个新世界。取代神学的新知识一度赋予我们以极度的自信，以为人类已经掌握了宇宙的管理权，也掌握了开启人类不断进步的钥匙。不仅西方世界的大众如此自信，我们中国的知识分子也深信"科学"的万能，这种"科学主义"至今弥漫于我们四周。

自启蒙时代以来，大概延续到20世纪初，上述两种现象基本没有太大的改变。20世纪以来，如前面好几章曾经叙述的，人类在科技方面的进展，对外深入外太空，对内深入细胞的内部，我们对于四周的世界才不能以简单的两分法，分为"物"和"人"两界。另一方面，随着现代科学累积的知识越多，人类越能理解，我们拥有的能力还不足以解读宇宙的许多秘密。在现代科学家中，不少人自认人类所知不过如沧海一粟。由于测量能力的有限，"知识"常常只是复杂全貌中的一斑。我们所处的宇宙，只是无限可能之中能够观察到的一小部分。现代科学要求人类有自知之明，明白自己存在的局部与短暂。

现代科学的"其大无外，其小无内❶"宇宙观

2013年8月5日，《纽约时报》有一篇通俗的科学报道，题目是《星体、黄金、屎壳郎和我们》，内容浅显易懂，却勾画了一个新的宇宙，让人类知道，这一套新的宇宙观不再是物人两分，而是大小、内外套连在一起的庞大系统。这篇文章报道了太空星体和人类身体之间的类似性。作者丹尼斯·奥弗比（Dennis Overbye）指出，外太空的所有大小星体甚至太空尘，其构成元素和构成人体的元素一般无二，都包括最重的黄金和最轻的氦。而且作者特别指出，最近在外太空的望远镜"哈勃❷"抓到了两个超新星撞击的镜头，这一现象释放了大量的伽马射线。释放的伽马射线从能量转化为物质，一小撮的分量就可以转化为数十倍于太阳的质量。这篇报道告诉我们，整个大宇宙其实都是由同样的东西组成的，而且能量和质量常常互换，这使宇宙呈现的不是一个结构性的大物体，而是一种能与质的互换系统。

---

❶ 其大无外，其小无内：出自《吕氏春秋·下贤》，形容宇宙的无限无极，事物的性质和差别是相对的、可变的。

❷ 哈勃：哈勃太空望远镜以天文学家埃德温·哈勃的名字命名，于1990年发射升空，通过无线电传输观测数据，是天文史上最重要的观测仪器。

我们去向何方

超新星

1999年，哈勃太空望远镜拍摄到离银河系不远的麦哲伦云中的 SN1987A 超新星。

这篇文章又指出，我们所在的银河系论起体积来极为庞大，以光的速度横穿过银河系要数十万年。然而，与银河系同样大小的天体系统，在我们可以测知的范围内至少就有亿万个。各种天体的行为竟与人间也颇类似：天体彼此纠缠，或即或离；黑洞吞噬邻近天体，又或分或合；天体也有生命历程，一颗星星在将近终结时大放光华，然后黯淡为白矮星。我们地球只是银河系中太阳星系里的一颗小行星，我们人在地球上只是过客，而这么庞大的一个宇宙和我们渺小的个体之间竟然如此相似。

他举出一个现象。泥土地上推动小粪球的屎壳郎在生物界中乃是一种非常卑微的小东西。一个小甲虫在黑暗里推动它找到的粪球，它行走的轨迹是直线，只有在被别的甲虫挡路时才会转弯，然后又改成直线。这些屎壳郎定位的能力，据现在的研究表明，乃是遵循着银河系转动的方向。即使把屎壳郎放在不见天光的地方，它们一样可以感觉到银河系的转动方向。其实我们很早就已知道，把各种蚌类放在内陆的水缸里，即使离海洋很远，蚌壳的开合还是和潮汐同步。从这几个例子来看，最大的宇宙系统之内有一套信息系统，获得信息的生物并不一定是高级的人类，卑微如屎壳郎和蚌类也可以和宇宙的信息同步呼应。我们既不必因为宇宙如此庞大而自卑，也无须自诩为万物之灵而自傲。

事实上，海洋中的鲸鱼和海豚在茫茫大洋之中巡游，既不会迷路也不会失群，而且彼此之间似乎有共通的语言，可以相呼相应。所谓"智慧"，可能不是人类的专利品。

上面所说的是"其大无外"，从"其小无内"来看也有类似的现象。传统物理学将分子当作物质的最小单位，原子当作分子的基本构成颗粒。后来才发现，原子之中还有核子和其他粒子，这些粒子彼此之间的关系很像星体的系统，彼此牵扯也彼此抵拒，构成了时时改变的平衡系统。而且粒子并不只是有质量的个体，还常常和能量互转，能量可以计量，但是力场（能量丛）并不占有空间的位置。而且，从爱因斯坦的理论来看，空间并不是空虚，它与时间互动，还可以压缩；与重力互动，也可以弯曲；在宇宙互动中，"空间"有其特殊的作用。在生物世界里，我们常将细胞当作生物的基本单位。而今天我们知道，细胞之内还有许多复杂的结构。一般生物体内还有无数腺体帮助生物体运作。生物的传承，又有排列有序的基因决定其遗传的特质。

从人的身体往内看，无论是物理化学系统，还是生理系统，都是构成生物个体的一部分。每个个体，无论是你、我、他，还是小猫、小狗、蚊子、苍蝇，从外表看来都是具体存在的单元，有一定的外延也有一定的内涵。然而，若是从核子内的粒子来看，这个粒子和那个粒子之间有一定的空间，任何物体实际上都是一大串虚空相连的小粒子，而小粒子之间又有似有若无的力场。假如在某个粒子上有一个小的智慧体，从其观察角度看你、我、他的人体，可能就相当于我们看外太空的天体系统，其间有许多空间，而不是一个结实具体的单元。而且这些粒子存在的时间有长有短，从能转变成质的过程也有一定的方式和时差。那么我们自以为是具体的个人，其实只是无数小粒子彼此以空间隔离，我们并不是一个完整的个体。从这个角度来看，大至星体、小到生物的个体，以及生物体内的细胞核等，其实都是一个连续不断的排列，这些系统还是重复了那句话——其大无外，其小无内。

人类亟须寻找新的自我定位

当然，以上讲的是大宇宙和小宇宙的结构，我们还没有提到意志和精神的部分。"感觉"既是化学和物理现象，也是一种精神现象。自古以来，我们将人类的感觉分成五种感官。最近的大脑研究却证实了第六感确实存在，而且第六感运作的区域也在大脑中找到了。我们也许可以说，第六感是将所有五种感官活动的信息综合为一，然而这五种感官如何综合，至今还需要推敲和研究。我们可能不只有第六感，甚至还可能有更多的感觉，只是目前无法描述也无法解释。例如"感情"就是一个非常难以界定的精神现象。在物理化学的结构世界以外，今天的药物已经能够用某种化合物激发体内的能力，推动体内的新陈代谢，甚至造成幻想，迷幻药就是其中之一。在这化学作用和精神现象之间，那道鸿沟是如何跨越的，还有待我们做更多的研究和追溯。

20世纪的科学发展中，信息科学也是重要的一环。信息科学从计量开始，到今天实际上发挥的最有功效的部分是储存信息和搜寻信息。我们人类自己具有的记忆库容量其实相当庞大，只是某甲的储存很难转移到某乙的脑中。几千年来人类有了知识系统，知识累积以后以文字的形式存留。可是，不同的人可以从不同的信息库中汲取自己需要的资料，却很难形成大家共享的机制，将所有信息公之于众。现代信息科学日益发达，每个人都有机会使用庞大的信息库，每个人也可能因此解悟更多的意义。知识量的爆炸会引发人类智力的巨量增长和应用，20世纪以来产生的人类新文化，让人类掌握的知识和驾驭自然的能力，达到前所未有的高度。人类可以超越自己，但是如果不能掌控自己，就可能误用自己，以致毁了自己。这是机会同时也是危机，是20世纪现代文明对我们的一个挑战。

科学研究本是独立的智识追寻，"实用"不是科学活动的第一任务。但最近几十年，科学活动和实用之间有了密切的关系。举例言之，为了提早结束二战，英、美发展了高能物理研究。列强为了争夺领导世界的霸权，太空研究得到国家经费的支持。信息科学与信息产业的发展以市场为导向，完全同步进行。令人担忧的问题是，科学与工业的同步发展开启了20世纪人类生产能力的大幅跳跃。生产原料与能源的需求急剧增加。现代热力学中"熵❶"的观念提示，消耗能量后会累积为失序，最后导致系统本身的崩解与终结。几十年来，人类大量消耗热力能源，已经为地球生态系统留下了过度的碳量，地球的气候已经在改变，"熵"导致失序的现象已经出现。

综合上面的几项陈述，过去以西方文明为主体的现代文明，其长久持守的价值观念建立在基督教神学上。它将人类与其存在的环境分割为二，必须仰仗上帝的神恩方能联结。今天宗教信仰衰退，人该如何理解自己与宇宙的密切关系乃是重要课题，亦即需要重建一套可以与现代科学观念互补的超越性价值系统。

今天人类对自己的定位，也需要重新界定。在那界定之中，一个超越性的意义，无论是以神还是其他任何名词作代号，都不是问题的核心。问题的核心在于，我们要找到

---

❶ 熵（Entropy）：由德国物理学家鲁道夫·克劳修斯于1865年提出，在热力学上，是表征物质状态的参量之一。

一些足以了解自己,可以安顿自己的定位;确定了我们自己是谁,才能确定我们和周遭的关系,也才能确定我们和小宇宙、大宇宙的关系。前几章我们讲到经济制度的崩溃、社会关系的离散、人类行为的失措……在我们没有找到新的自我定位作为超越价值的根本以前,我们很难重整自己的安身立命之所。

在下一章里,我们将讨论有可能代替旧日理念的一串观念,或可由此建构另一套价值系统。

第十八章

中国和印度形而上学所建构的"生命现象价值观"宇宙论

出现于西方世界的现代文明,无可讳言乃是在宗教革命和启蒙运动的历史背景下,建构天赋人权、契约国家和工作以符神恩三者结合的现代国家、资本主义与科技发展的文化基础。前面几章已有论述,指出上帝隐退后,上述各项均已变质:人类社会离散、个人自主沦为自私自利、人类滥用自然资源、国家共同体与个人间的对抗……凡此难局,迫使我们从西方文化传统以外,寻找建构另一观念形态的可能性。本章即尝试从中国和印度两大东方文化,配合现代科学呈现的宇宙,设法补救现代文明的不足。

在上一章里,我们谈到外太空"其大无外"的天体系统,这天体就是大宇宙,大宇宙与核子和细胞内的微型宇宙之间,是人的世界。这三个层次互相套叠,是非常类似的结构,也一样具有非常复杂的呼应关系。这些是从今天的科学中得到的一些观察。这一章我想谈的是，中国和印度在古代完全形而上学的推论中，各自推演出了一套自己的宇宙论。

董仲舒的宇宙论造成了中国人对于宇宙秩序的责任感

中国的一套宇宙论是汉代的董仲舒建构起来的。董仲舒是个儒学大师，但是儒家的始祖孔子并不讨论宇宙的问题，他只讨论人世的问题。一直等到大帝国建立起来，一个庞大的人间系统必须有一个相应的宇宙系统相配合时，儒家的宇宙论才有了发展的现实需要。董仲舒在这方面采纳了阴阳五行家跟自然哲学的观点，组成了"天人感应"，也就是大的宇宙和人间世界互相感应的一套宇宙理论。

他认为，天与星空中的许多星宿作为天上大宇宙的单位，它们之间也像人间的帝国一样，有君臣与百官，有地区的长官，有庶民百工。它们的运作和人间政府的运作几乎完全一样。人与天之间，是地理的世界。山川、河流以及各种不同的地形，也被他规划成类似政府一样的结构，各种神力各有所司、各有所为。天、地、人三个层次，彼此之间互相感应，一切动作都会影响内部和彼此间的感应。在天、地、人三套系统内部，彼此又有感应。因此，董仲舒认为世界上的每一种力量，都是和另外一些单位的力量

第十八章　中国和印度形而上学所建构的"生命现象价值观"宇宙论

互依的,也是互相制衡的。可它们之间的关系时时刻刻变动,每一种力量不能太大,太大了就会造成反效果;也不能太小,太小了不能发挥应有的作用,所以过强或过弱都会推翻原有的动态平衡。这个天、地、人三个系统的世界就是如此互相运作的。

在人体之内,董氏也把人体器官当作政府部门,"政府"里面的单位互相合作,也互相制衡;既分工合作,又互相防范,不许其中一个单位力量显得太强或是过弱。

他认为各种力量的"感应"在整个大结构之内彼此制衡。他举例说,一个君主的周围,如果皇后或是其他女性的影响太强烈,就会招致地理上洪水的出现,因为水属阴。月亮遮住太阳,也就是"日食"的现象,也是阴超过了阳。在人的身体之内,如果阴的部分太强大,一样会造成器官之间不协调而引发疾病,彼此"感应"的现象时时发生。而在不同系统之间,也会互相呈现另外一个系统的平衡;时时刻刻会因为某一种力量太强或太弱,而引发巨大的变化,以寻求动态的平衡。所以,宇宙永远在变动,永远在适应,永远在调节。

这一套形而上学的想法没有科学的证据,反而有一些古代巫术的影子在内。但是,它在中国人的思想中产生了极大的影响力,尤其是在政治上。每一次皇帝做了什么事,就会从董仲舒的理论中找到一个说法。例如,你不应该在春天行秋天的事情，所以古代对死刑犯的行刑叫秋决——春天是生长的季节，不应该杀人；秋天是萧瑟的季节，处决犯人是可以的。但是如果处决太多，也会造成冬天的严寒。这种大、小宇宙间互相感应的观念，成为儒家用来约束皇权的思想工具。

究竟是谁在操作这个庞大的系统呢？宋哲陆象山❶提出了一个"心"字。"心"就是人的意志。人的意志是一切变化的真正动力，会带动天、地、人三大系统以及人体本身的许多变化。体内的系统也是由人的意志作为启动的力量。人的意志决定人的行为，这是显然可知的，人的行为则反射到天和地两个系统上，以至于人的意志变成发动波状因果连环的一个主要动力。至今，中国传统医学还是以这一类观念作为理论基础：人体内心做了什么决定，就会在行为上有所呈现。例如，饮食过当就会导致体内的不平衡，器官之间互相牵制，可能引发病痛。

这一类说法在陆象山归纳的"心"——人的主观意识——中，就变成了可以影响大宇宙、小宇宙的主要动能。

---

❶ 陆象山（1139—1193）：陆九渊，字子敬，号象山，南宋哲学家。他在哲学上提出了"心即理"的命题，主张"吾心即是宇宙"，这一理论后经王阳明发扬，发展成为宋明理学的一个重要派别——陆王心学。

第十八章 中国和印度形而上学所建构的"生命现象价值观"宇宙论

陆象山的"心学"到明代的王阳明❶才被扩而大之,建构为庞大的哲学思想体系。在这个体系中,心的任何一个念头或心思转动,都会影响到人的行为。甚至即使行为没有出现,只要他有一个想法,也可能造成影响。说得玄妙一点,心念一动,就可能影响天和地,就可以影响其他人。所以,王阳明特别注重强调,人对自己不仅行为上要有所约束,连想问题时都不能有邪念,有邪念的话要自己时时刻刻矫正它。善和恶本来是不显著的,心念一动才显现出善和恶。

这完全是唯心的一种理论——"心"的动力之强大,可以在一动之间就颠覆整个宇宙的大平衡。中国文化中,这一套宇宙观将人的良知良能看作动力,引动宇宙间的变化:互相影响,互相刺激,使得动态的均衡永远不能停止,永远要不断地调节、不断地重整。天地永远在动,所以人要一直不断地注意自己,不要因为心念不端而影响整个天体的大动态。我以为,人类心智有反省回照的能力,以此能力人可以自知其存在,并由观察宇宙知其存在,则犹如笛卡儿的名言"我思故我在"——人类的反观遂可以证实宇宙的存在。这就是董仲舒的宇宙论造成的中国人对于宇宙秩序的责任感。

---

❶ 王阳明(1472—1529):王守仁,字伯安,别号阳明子,世称阳明先生,明代思想家、哲学家,陆王心学之集大成者。在哲学上他的主要贡献是发展了"心学",提出"知行合一"的思想。

我们去向何方

佛教华严宗"圆融映照"的大宇宙论

接着谈到由印度的大乘佛教发展而来的"华严宗❶"佛学。这一宗派的思想，可以说为"我思故我在"提供了优美的解喻。

小乘佛教讲的是修自己的身，去掉自己的欲望，去除四厄，回归涅槃，不再入轮回。大乘佛教则探索人与宇宙永久的和谐。在大乘佛教之中，华严宗展开了深邃的讨论。《华严经》六十几章，每一章都在讨论宇宙中单位与单位之间的结构问题。华严宗所呈现的大宇宙极为庞大，它说宇宙中有太多太多的世界，每个世界就像地球一样有大河流、大山脉，全宇宙无限的世界就像恒河沙滩上的沙粒一样多，你可以想象无数的"世界"彼此同在。简约点讲，华严宗理论讨论每一个世界的特性，每个世界都由一个佛或者一个菩萨来主领，这些佛和菩萨的特性，就反映在这一世界呈现的和其他世界不同的地方。这些世界有等级，从纯粹物质的世界到最高级的纯粹心灵的世界，不仅各个世界有种类的差别，还有性质的等级差别。这无穷数的世界，存在于一个彼此映照的系统内。

---

❶ 华严宗：汉传佛教流派之一，也称法界宗或贤首宗，尊《华严经》为经典，故称华严宗。

第十八章 中国和印度形而上学所建构的"生命现象价值观"宇宙论

　　华严宗对这个系统的说法是完美的反射体，也是完美的透空体。解释出来就是，帝释天❶的殿上有很多帘幕，帘幕上每一个缨结的地方都有一颗完美的琉璃珠，代表一个世界。无数琉璃珠互相映照、互相反射，所以每一颗琉璃珠上都可以见到全部的琉璃珠。第一重反射出来的形象再反射，一次又一次反射，任何一颗琉璃珠本身作为中心接受各处反射的形象，但这一个中心自己也在屡次回复的反射中呈现出每一次自己内部的再现。华严宗用这种比喻，是想解释整个庞大的包含无数世界的宇宙，是个圆融的、互相反射映照的世界，每一个世界存在于其他世界之中，每一个世界也包含所有其他世界。这个复杂的系统是非常华丽也非常动人的一套哲学，它做的比喻让人很容易接受，也非常容易想象。

　　在华严宗的大宇宙中，每一个世界不容许与其他世界冲突，因为它们彼此反映，彼此容纳，彼此包含，所以整个大宇宙圆融互照，包裹在最"其大无外"的一个大映照系统内，圆融光亮，没有瑕疵，回环相融，送出去也接回来无数映像。包裹一切映照即是佛性，天下应当如此道理，也是天下本来如此道理，这是佛心的应当、本然。在这一宇宙

---

❶ 帝释天：原为印度教神明，称因陀罗。随着佛教的发展，被佛教吸收，成为佛教护法神。

论中，人与我彼此圆融互摄，彼与此回环摄照，由自见他，也由他见我，内外是一体的。

董仲舒和华严宗的两套形而上学建构的宇宙论，描述起来非常复杂，但又非常简单可懂。真正的人间现在是处于"其大无外"的宇宙之内的一小块，以人的脑子能想到这一点，就是不容易的事情。这居然和第十七章我们在太空科学中了解到的形象有如此相似之处。这样圆融、互相感应的世界，必须一步一步地减少自己的矛盾、冲突和错误，最后趋于完美。过程中只能一步步尝试，每次有错误就需要改正，在不断尝试中寻找更好的途径。这两个可能最后要走向完美的世界，必须持续不断地演进。

现代基督教神学的新进展提供了新的思想资源

我们在前面讲过，西方基督教神学是现代文明第三期的基本价值观念，而这一基本价值观念正在不断地崩溃失落，但我们还得回到基督教中去寻找答案。启蒙时代之后不久，丹麦出了一位新教神学家克尔恺郭尔❶。他观察人性，不再认为我们能依靠"神恩"解决神和人之间的问题：人、

---

❶ 索伦·克尔恺郭尔（Soren Aabye Kierkegaard, 1813—1855）：也译齐克果，丹麦哲学家、神学家、诗人，存在主义哲学的创始人。

神之间有彼此的对应，神给了人自由，人要自己走向神才能回归神。人有发展的阶段，人在感性的阶段有欲望的本性，这个本性是粗糙而带有侵略性的，通过掠夺、攫取来满足欲望。人必须把这一部分去掉才能提升到理性的高度，按理性的方向思考，不做不当为之事。而在这一阶段，人有失落的恐惧。第二阶段人的本性走到这里，只是将污浊纯化，把因欲望和感觉而造成的本性提高了一个层次；唯有跃升回归神，才能超越自己走向圣洁的人性。人性回归神之后，人本身与神同在，可以说人就跟神变成了一体，人超越了回归神的本体。

克尔恺郭尔的存在主义神学思想，乃是今天基督教新教神学的一大进展。在 20 世纪初期，也有一个天主教神父叫德日进，他是耶稣会❶的教士，但他的专业是古生物学。他在北京的国际性研究机构——脊椎动物研究室，做了大半辈子的研究工作。天主教的神学和进化论的古生物学研究碰在一块，德日进必须找到自己可以讲得通的道路。后来，他以人的进化建构了"存在"哲学系统，为一个现象

---

❶ 耶稣会：天主教主要修会之一，1534 年由天主教革新势力创立于巴黎，1540 年获教皇保罗三世许可。宗旨是绝对效忠天主教会和教皇，降服一切"异端"，主要是为遏止宗教改革的新教势力扩张而成立的，会员多从事教育和传教工作。

德日进

本名皮埃尔·泰亚尔德·夏尔丹（Pierre Teilhard de Chardin，1881—1955），法国神学家、哲学家、古生物学家。曾多年在中国进行古人类学、地质学考察。他提出基督教进化论，认为世界从物质到生命，再到人类和精神，最后将走向上帝之中的统一，即欧米伽点，而上帝处于进化过程的核心。

的神学。人本来是生物，跟所有其他生物一样，这生物没有纯化，有太多生物的特性，但生物进化的走向本来就是提升，本来不能适应的必须寻求适应。多种多样的可能性，都在适应发展之间，慢慢走向进化的途径。所以从单细胞动物最后进化到人类，人类的复杂程度和单细胞的成分不一样了。人类拥有心灵的能力内聚而为核心，也拥有物质的能量外切而会逃逸。人类体内已经包含、容纳了可能性。在进化到人类阶段以前，乃是与其他动物同有的生物特质，等到成为人类以后，人类成为理性和感情兼有的一种高等动物。到了这一步，从生物学上来讲，人可以有感情，可以有思想，可以有理性，但还没有自我纯化，没有完全抛开生物阶段的欲望。人必须提升自己，走向最高的层次，走向超越。神的本格是一切的原点阿尔法（α），神又是最后的归结欧米伽（Ω）。人的现象乃是从神的原点所创造，回归神的本体——一切的终点。

克尔恺郭尔和德日进这两条途径，实际上是非常相似的。两个人都是神学家，所以都离不开基督教的神的最高观念。在中国其实也一直有这种观念，叫作"天行健，君子以自强不息"——天地永远在运动，天的特色就是经常往健全、健康、完美的方向移动。这个"天"是自然的意思，自然永远想改进自己，人也一样，要永远改善自己。"天行健，君子以自强不息"，所以君子永远努力改善自己，而改善到了好的地步，再拿好的结果告诉别人，让别人也同样走他们改善自己的途径，一步步发展自己，走向更好，接近于至善。至善是永远的目标，永远走不到，但是君子必须循此方向不断发展。

"生命现象的价值观"是新的人类共同文明结构的基础

现在我们看中国这方面，中国的思想已经被遗忘了，中国长久以来把自己的思想抛在了一边。方东美❶先生融合中外，联系中国儒道和印度佛学已有的成果，希望人在自强不息之中，永远走向最美好的境界。他拿真和善当作最高境界——事事无碍，就走到美，亦即完美的境界。近代西方思想家怀特海❷的思想方式颇与中印东方思想的有机论相近，有别于西方常见的机械两分与对立。他提倡的也是一个持续不断发展的哲学理论，过程（process）就是进行，不断往前进行。在这个角度下，怀特海的理论就是近代神学理论存在主义的行动神学——存在（being）和变化

---

❶ 方东美（1899—1977）：安徽桐城人，哲学家，新儒学代表人物之一。

❷ 阿尔弗雷德·诺斯·怀特海（Alfred North Whitehead, 1861—1947）：英裔美籍数学家、哲学家，"过程哲学"创始人，与伯特兰·罗素合著有《数学原理》。

（behaving）是同一个事情，变化听起来是动，但变化本身就是大的存在；存在是一个涵盖从古到今的全部过程，这全部过程整体讲起来是连续不断在变动；变动最后的方向也是人不断地有机会改善自己，也不断地利用这些机会改善自己。

回顾本书的前文，我们提到西方主导的现代文明已经走向衰退，现代科学与基督教神恩的对冲，使民主自由的人权观念无所着落。人与人之间的互信本是资本主义经济的基石，神恩不再后，诚信也就没有了着落。雅利安人从骑马移徙的征服与掠夺中，养成了积极进取、无所顾忌的文化基因，尤其借重基督教单一神信仰的独断，形成自以为是的心态。国家之间以强凌弱，社会之内贫富不均。人的戡天而用之的心态，对人类身处的生态环境榨取不留余地……凡此种种问题，必须从为自己安身立命中找到立足点，代替已经失落的基督教精神。

本节的讨论乃是尝试从西方文化传统之外，糅合中国、印度与现代西方神学和科学所见的现象，提出一个代替的观点，此处可称为"生命现象的价值观"。这一构想乃以宇宙中的感应提醒人的枢纽地位，以华严宗的圆融映照提醒人的回观功能，并以此提示人的存在与外在之间的关联。因此，人有解释宇宙的机会，不能妄自菲薄。同时，人也应有自知，在其大无外、其小无内的重重宇宙中，人的地位其实微小，不应自诩为蒙受神恩的特殊分子。在既有机会又无特殊优越性的状况中，人必须不断上进，力求提升，以臻超越自己的境界。

简单地说，这一价值观以儒家"民胞物与、推己及人❶"的精神为基础，从董仲舒的形而上学映照现代科学的宇宙结构，采华严圆融映照之谕，指示人我互见，再将克、德二家基督教现代神学提出的人的提升和回归创造原点，与儒家的君子自强不息和己立立人的自我期许结合，力求上同于道，遵循"天命为性，率性为道，修道为教❷"的价值系统。以上看法等待有识之士采纳芹献开创新论，以作为新的人类共同文明结构和文化系统。

* 此处陈述，在开刀治疗腰椎神经前，在医院病床自己录音，留作大纲。住院一个月后，出院回家，又作修订，以此作为生命关头的纪念。

---

❶ 民胞物与、推己及人：语出宋代张载《西铭》："民吾同胞，物吾与也。"宋代朱熹《与范直阁书》："学者之于忠恕，未免参校彼己，推己及人则宜。"民胞物与，意思是爱人与一切物类；推己及人，指设身处地为他人着想，均体现了儒家"仁者爱人"的思想。

❷ 天命为性，率性为道，修道为教：语出《中庸》："天命之谓性，率性之谓道，修道之谓教。"

第十九章

后　论

　　检讨了现代文明第三期发生的一些问题之后，在第十八章我们提出了一个新的价值观念，盼望这一观念能够作为治理现代文明弊病的基础。西方现代文明过去的基本观念，只建立在个人主义、主权国家、民主政治、资本主义经济、工业生产和科学发展这几个支柱上。其中前四项都和基督教神学提出的基本观念有密切的关系，可是第五项却与神恩的理念以及神造世界的解释构成直接的冲突。个人主义和积极进取的精神曾给予西方世界强大的动力，终结为西方世界对全球人类的主宰。今天全球各处的人类族群在制度和理念上，无不接受西方世界的一切价值观念。最近伊斯兰世界对于基督教世界的抗争，似乎在否定现代西方文明的价值；中国和印度的兴起，又似乎说明一些旧文化体系的族群正在入室操戈，挑战西方世界的独断。因此，如第十八章所建议的，我们必须有一个新的、以人为本的价值观念。

举世茫茫，不知可以往何处去。回归宗教的信仰，立刻出现问题，那就是犹太教、基督教与伊斯兰教之间互不兼容的斗争。个人主义对神圣力量又没有信仰，将变得自私而不负责任。我们在第十八章提出的观点，是人以自尊自重、尊重他人、尊重自然作为基本价值，借用张载《西铭》的意思：人与人相待如骨肉，人与万物如朋友，宇宙如同家宅。人必须珍惜天地间的一切资源，这样我们也许可以建立一个新的秩序。

如前面各章所论，西方文明本身正处在衰微甚至解体的过程中，在全球化下，主权国家的主权将如何处理？在民主制度方面，固然与人权观念有密切的关联，但无可讳言，各处的民主政治都在金钱的影响下越来越庸俗化和空洞化。资本主义经济运作的主要基石是人与人之间的信用，然而到了今天，许多证券的交易却已经远离信用的原则。贫富之间的巨大差距正在把世界撕裂成两层——百分之一和百分之九十九的区隔。工业生产取用了无穷的物资，也消耗了巨大的能源，地球上能供应的资源已经非常有限了。

举例言之，国家主权上有全球性和区域性的组织，下有地方管理单位，我们是不是应该重新规划国家主权的限度，使其不要无限扩大？一方面，国家主权已经造成了国与国之间的冲突；另一方面，国家机器掌握了主宰公民权利的机会。又例如，民主制度下所有官员都要经过票选，这些官员通过媒体的渲染，在选举过程中巧言令色博取选票，他们其实并没有真正的执政能力。在我侨居美国的这几十年，随着媒体影响力的扩大，选举制度选出的各级官员，越来越显示民选并不是一个真正选拔人才的制度。又例如，产业经营的股权经过证券市场的操作，实际上已经被极度分散和零碎化，再也没有一个真正掌握股权的股东群来监督产业的管理和操作。工业生产求多、求快、求新鲜，产品一批批涌向市场，又一批批被淘汰为垃圾。（我们手上的计算机或手机，不是几乎年年换新的吗？那些被丢弃的旧品实际上并没有坏，所有曾经放进去的劳力和资源却都因此变成了废物。）

　　设计新的制度必须经过全民的共同努力，不是任何人闭门造车，设计一个"建国大纲"就能达成的。此处挑选几个显而易见的问题，提醒大家注意。世界上民主国家的政府，大概不外乎两种类型：一种是议会为主的内阁制，一种是元首为主的首长制。在三权分立的制度中，立法、司法、行政之间有许多冲突和矛盾，国家的资源和发展的时间往往在争吵之中不断被浪费。立法权本来代表选民的意志直接监督政府，然而选出来的代议士却通常不是熟悉政务的专家。行政权要能够充分发挥其功能，又必须有真正能办事的干员,并设计和执行必要的政策。行政权和立法权之间的冲突,后果往往是外行的代议士领导内行的专家。但是,如果"一条鞭"由行政权直上直下执行政策,立法权又该如何监督?这也是一个大麻烦事。

以议会为主的内阁制——如英国的制度——稍微能够补救这个缺陷,因为由多数党制定政策的议会,其多数党的成员也是负责执行政策的人,可是这些选出来的代议士,又有多少是专家?能够在地方上当选的人物,往往有地方实力的基础,当选的代议士——日本的议员甚至首相——几乎都出自有限的几个门阀和派系。美国南方各州的议员和州政的主持者,也往往由当地的大家族世世代代垄断。行政权强大的国家,如果也由一群家族和集团垄断政权,则政权朝代化的现象更为显著。

国家政务,理论上是经由人民的委托,替全国公民造福利。《礼记·礼运·大同》中描述的理想社会是:全国所有的儿童能顺利长大,成人有工作,老者安养余年,鳏寡孤独残疾者都有人照护。这个原则相当程度上依赖的是由国家机器掌握若干财富的分配权。这直接导致了一个问题,有些占有优势的人士,手上累积的财富远大于他们应有的那一份,却以保障人权自由为理由,反对国家机器干预财富分配。他们主张的是有发展的自由,却不负社会的责任。社会福利实行到了一定程度,又往往会导致一些得福利之

第十九章 后 论

益的人失去斗志，一心一意地依靠社会福利而不求上进，徒然授人以柄，作为攻击社会福利制度的借口。上述情况的两难处，将来如何解决？这也是一个大问题。也许，许多社会福利的管理交付给邻里乡党，会比直接由国家操作更显人情化，也能更直接地解决个人的实际困难。

今天的生活比过去数百年舒适优越多了，可许多随着生活条件改善而产生的问题，却不是凭一般常识做判断就可以解决的。如何将专业人员的知识适当地放在政策的制定和执行上，也是必须考虑的一个问题。例如，美国司法权的行使，是由一群高度专业的法律专家，组成一个大法官会议解释宪法。这也是解释人权的本质，以防止国家的权力侵犯人民的基本人权。又例如，美国的货币并不经由中央银行管理，而是由一些专家组成联邦储备委员会，纯粹按照经济理论和经济信息，判断国家货币的发行量和流通量。这个委员会完全不经过民选，而他们的权力却直接影响到每一个老百姓财产的总价值，也指导着全国经济发展的方向。其实，医药和公共卫生、交通和公共安全以及环保与天然资源的消耗等，都是直接关系民生和社会发展的重大课题。这些问题也应当由专家处理，而不能仅仅授权给民选的议员和行政官员。

自希腊实行民主制度以来，由于用"民主"两个字选出官员，导致制定了错误的政策或者执行有偏差的例证处处

203

都是。那些神权国家——伊斯兰的教士团，或是旧时天主教国家和东正教国家——以教士作为国家官员的来源，他们也往往将信仰教条放在实际问题之上。这些缺乏专家为人民造福的弊病将来如何纠正？这也必须在设计新秩序时给予慎重的考虑。

  结合以上几节的讨论，当以英国模式的内阁制比较可行：两党竞争，由议会多数党组阁，由议会中具有专长的议员担任各部政务首长，辅以常任文官执行议会通过的多数政策。众所共知，最近美国因为反对党以种种方式抵制，导致国会中几乎时时发生冲突，立法与行政两部门之间难以协商，导致政务接近瘫痪。如此民主，已失去设立政府的原意。解决之道，应是直接诉之民意，裁决双方争议：由总统于必要时解散国会，立刻经由公投选出新国会，庶几根据民意，推行公民选择的政策。美式宪法修改不易，有时不能及时顺应民意。如果经由上述解散国会后的投票，也可以因应事实的需要，同时提出修改宪法条文的公投复决。这一套措施，即是以民意随时就近监督政府。

  在市场经济的资本主义社会中，所有的生产和服务事业都是民营的，由市场原则决定其成败。这一原则基本上假定市场上有一只"看不见的手"，按照需求决定产品市价的高低。然而，资本主义实行三百年来，我们知道这只"看不见的手"并不是没有人操纵的。最近二十年来，美国两次经济危机中都揭露了大财团操纵市场的实况。为了保护一般公民生活上的需求不受投资者的剥削，那些有关公众利益的事业——能源、铁路交通、公众用水、大规模的水利——都不应交给私人经营。这些事业一方面假借公众共有的资产，另一方面具有独占市场的性质，一般人民无法以竞争的办法躲开他们的独断。这一类事业应当由国家或各级地方政府分别拥有和管理，但是也要经过人民的直接监督，以避免有人假借公产图利。

美国在罗斯福"新政"以后有"反托拉斯法"，以遏止私人资本的膨胀和独占。行之多少年来，道高一尺，魔高一丈，其管理的效果已经日渐微弱。这种问题不应当只在企业到了某种规模时才加以限制，而应该在股票市场进行集股的阶段就密切注意。近代科学与技术结合紧密，使得新的产品不断推出，这些产品有的是通过浪费大量有限的资源获得的，有的会对自然环境产生严重损害，设计产品时却不会考虑上述因素。对于这种新产业的出现，国家和各级政府应当有所管制，在新产品刚要投产时，公权力就应严密地监视，不容许产业以造成公害为代价取得私利。这些节制资本的措施，在目前以市场经济为主的资本主义社会很难付诸实施，不过我们必须提醒大众，适当地节制资本乃是必要之举。

资本主义的祖师爷亚当·斯密，其名著《国富论》讨论财富的意义，原意在于实现民族共同体的集体富足，现在的经济行为则以个人致富为目标。近年来，资本主义市场经济致力于以钱博钱，将生产放在次要位置。最近，皮克迪的著作《二十一世纪资本论》陈述今日的资本除了传统的含义，还应当包括知识、社会关系和权力。他提出严重警告：以钱博钱的经济制度，势必导致贫富分歧的两极化与世袭化，最终会出现社会的分裂与冲突。我们必须从根本上改变这种局面。回顾资本主义的发展过程，第一阶段是以资本换取远方的资源；第二阶段是投下劳力，换取产品；第三阶段是利用机器，大量生产商品；现在应是第四阶段，即以知识作为生产的力量，不断开拓经济领域，开拓人脉，顾全彼此互利的原则。固然，权力作为资本可能使金、权二者彼此交换，有钱有势的阶层将长久高踞人上。然而，我以为，从正面看，权力也是可以相与为善的资本。乔治·吉尔德[1]最近在《福布斯》解释知识与文化都是软实力，就是指出、纠正目前经济理论的窘况。我建议应奉行中国文化"利用厚生，仁民爱物[2]"的大原则，致力于提高

---

[1] 乔治·吉尔德（George Gilder，1939— ）：美国经济学家、未来学家，20世纪90年代新经济和知识经济概念的鼓吹者。

[2] 利用厚生，仁民爱物：分别语出《尚书·大禹谟》："正德、利用、厚生、惟和。"《孟子·尽心上》："亲亲而仁民，仁民而爱物。"利用，尽物之用；厚生，使民众富裕；仁民，对人亲善；爱物，爱惜万物。

第十九章 后　论

人们的生活水平，同时寻求最好的生产方式，既要尽力节省资源，又要达到高度使用的功效。因此，资本应当用于不断创新的研究，同时投入资本，尝试生产的风险。近来信息工业不断开拓新产品，即是例证。总之，在营利与消费之间，提高人民的生活水平乃是一切考虑的第一要件。

在现代文明的几根支柱中，"自由"和"人权"都是重要的项目。前面所说的民主制度和资本主义生产方式依据的自由市场行为，都是从这两个观念衍生出来的。如前面各章所说，自由和人权的观念和神授的恩惠有极大的关联。今天既然神恩观念因为宗教信仰多元化面临了困难，我们就必须从人的自觉、从人的现象推己及人，直至延伸到全人类共同的福祉。其启发者在我，其保障者也在我，我们既要保障人的权利，也要防止个人的利益侵害了旁人的利益，甚至于一些人的一时利益侵犯了人类全体的长远利益。我们要自由，就要顾及别人和全人类的权利；我们要权利，就要顾及权利背后的责任。如此自我期许，也如此自我警惕，也许人类才可以在每一次争权利、争自由的过程中，永远记得不要因为扩张自己的利益，而损害了别人和全人类的公益。

前面曾经提过，在近代主权国家的观念下，国家是一个终极层次的团体。国家的公权力，在今天已经削弱了其他层次组织的功能。举例来说，人类历史上宗族、邻里、同行以及各种依据相同志趣结合的团体，都曾经使许多个人结合起来，构成一个能做事的社区或社群。今天，社会逐渐解体，社群和社区首先解散，个人成为流散的孤独者。于是，个人除了向国家代表的公权力完全屈服以外，几乎没有其他选择。在个人的感情生活上，国家公权力不能提供任何帮助，只有自动自发的社区社群，才能对个别的孤独者有扶持和安抚的作用。既然人类从个人扩大到全人类时，曾经有过发展的各阶段——村落、部落、宗族、社群等，通过不同的形式结合个人为群体，那么为什么在今天，我们只让国家这一层次独占胜场？

今天，现代文明正在转型的时候，我们应当让各种不同层次的团体，恢复它们在社会上结合孤独个人的功能。海峡两岸的中国人在近半个世纪，都有过社群和社区的生活经验：大陆的工作单位照顾了工作人员及其家人的生活；台湾的"眷村"不仅在军队中有之，许多文职的行政单位甚至公、私企业单位，其工作人员和家属也有过程度不同的居住社区，被称为宿舍。这些社区中的居民生活在一起，彼此扶助，互相照应。那里的孩子们同校读书，一起长大，宛如兄弟姊妹。老人们退休后周围都是熟人，也不会寂寞。单位担起提供社区福利的责任，例如集体医药保险或老弱的长期照顾，有了社区的公众意见和监督后，就可以减少滥用福利的弊病。社区中的房屋假如都以租赁为主，也可以避免现代都市炒作房地产、导致经济泡沫化的现象。

总而言之，在一个现代文明正在转型的关口，我们不能认为现代文明代表的一些组织形态，就是人类最后的选择。今天呈现弊病的许多制度和观念，我们必须有勇气加以检讨，并设法找出新的设计，以满足人类作为共同体的需求。此处我并不想描述任何乌托邦或者理想国，我只是指出我们目前的路上危机重重，寻找新出路是必须要做的事情。尤其是不在西方文明原来覆盖范围的其他文化系统，其有识者更当抛开一切模仿西方现代文明的旧习，重新思考对未来人类的存在和发展更为适合的新途径。有些新途径是旧瓶装新酒，也更应该有崭新的观念和崭新的设计。

我相信：只要世上有善意，人间就会是天堂！

附录

世界分崩离析的局面已经露出来了

黑死病带来的恐慌，比今天大多了

我想借"十日谈"这个题目来讲一些对当前世界的看法，是因为薄伽丘写作《十日谈》这本书，其背景是欧洲发生大瘟疫的时候，和当前蔓延全球的瘟疫很像。

当年薄伽丘写作《十日谈》的时候，瘟疫蔓延了好几年。据大家事后判断，那次大瘟疫促使欧洲的大改革开始：教堂、天主堂、教会慢慢衰微了，大家不信任它们了，就引发了宗教革命。因为生病导致死者很多，参与救治的医生很多，对于人的身体逐渐有了更多好奇心。再加上很多尸首可以解剖了，新增了人体解剖上的知识，这是生物学、生理学的开始——这两个就已经很能够造成大的冲击了。

再加上当时各国政府在应对瘟疫这个问题上，有注意的，有不注意的，引发了很多地方对政府的怀疑和不信任。这一连串下来，就造成了近代革命的发轫——思想革命、科学革命、宗教革命。因此，欧洲发生了一次大的跃进。中古的欧洲还赶不上中古的中国，但那一跳跃就跳跃到近代了。

中国历史上的瘟疫也不少，不止一两次。以前欧洲暴发黑死病的时候，传到中国死了很多人。据估计，欧洲死掉了将近三分之一的人口；中国死掉了大概一个亿，也差不多三分之一的人口——那种恐慌，比今天大多了。今天这个新冠病毒，因为好的卫生条件、好的预防，到现在，全世界因感染新冠病毒死亡的人数相对较少。

这次瘟疫大暴发期间，就美国本地而论，我所理解的情形有如下几点：第一，政府无能。最开始，许久无法判断是不是"大瘟疫"。医药界多数已经有专业判断，可政府又不愿意"乱人心"，就不让卫生部门公布这次是个"大瘟疫"的结论。第二，美国的药厂完全没有准备，研发疫苗、药物要从头做起。这是岂有此理的事情，三家药厂慌慌张张，没有弄出像样的东西，前后耽搁了差不多八个月。针对主要的两家疫苗生产商的治疗效果，以及要不要打加强针，争辩过很长一段时间。这表示，政府跟生产药物的大厂家都已老化了。

像前总统特朗普这种人，先否认戴口罩有用后来他自已生了病，才不得不承认戴口罩是预防感染的重要手段之一。但他是一个固执的人，他表示"我不服，我就不戴口罩"。到现在，保守党里面最右的一些人还是拒绝戴口罩。南方各州被这些人主宰，也还是不戴口罩。瘟疫暴发了，居然大多数医院——尤其是纽约——氧气过滤机不够用，病床不够用。这些都显示整个社会机构老化，不能应付紧急事件。

世界分崩离析的局面已经露出来了

美国向来很自以为傲，认为"我们效率高，办事快"。这次应对疫情的表现露了原形。这也使自由派的人，常常提醒"我们老了"；共和党的右派，常常否认"我们老了"——"否认我们老了"，本身就是老化的现象。

再加上对各国之间政策、态度的偏差，造成了世界更多的分裂，所以现在世界分崩离析的局面已经露出来了。美国的领导权，在这次瘟疫以前，前总统特朗普宣告"美国优先""重回伟大"，这表示美国内部已经自我怀疑了，后面更会是分崩离析。瘟疫失控以外，政治上的失效，政策上的坚持，政治上对于世界形势的不理解，尤其是这些"坚持"使得这一体制的僵化暴露无遗，这都是大乱的前兆。

我更担心的大乱，在于经济崩溃。美元作为"世界货币"的信用在下落，因为现在美国的货币发行量，浮出来的、空虚的部分已经超过了美国国家现在的年产值。这使得美元在市面上的信用逐渐在滑落。这种情况下的美国，本身老化的体制面临瘟疫的刺激，可以说是千疮百孔。

接下来，世界会不会爆发"大战"？如果爆发"大战"，会是什么局面？打不打得起？这也造成大家的恐惧感。我希望不要有核战争，如果核战争爆发，是火上浇油。经济问题解决了，瘟疫早晚会过去。这次瘟疫可能就像黑死病一样，在中国绵延五十年。不但是东汉那次，元朝末年那次一直拖到明朝，明朝末年那次一直拖到清朝——都是绵延二三十年，一个城市结束，别的城市又出现。不过这个病比黑死病轻一点，死亡率没那么高。

还有一个事情，就是宗教问题。中国在东汉末年、三国前夕，有二十几年的瘟疫，连绵不断、此起彼伏，而且不止一种。这一时期宗教活动非常活跃。不单是刺激出有道教色彩的"黄巾之乱"，徐州一带从海路进来的佛教，忽然被人注意——瘟疫以后，那边变成几万人的崇拜中心。然后黄巾之乱引发天师道、"水官崇拜"、原始道教，一连串下来。欧洲那次瘟疫，引发了宗教革命。美国的瘟疫过后，会引发什么？很难说。我感觉会引发印度宗教的复活，也可能引发对东方宗教的注意。

这次瘟疫在美国也引发了劳工不足的问题。现在很多工作没人做，领救济金的人很多。如果有些人愿意去工作，领救济金的人就不会那么多——九百万的劳动缺口，一千三百万人领救济金——这是不对的，是双重的心理疾病。劳工的素质不能和工作需求配套，这是老百姓的病；政府的错误，是左手发救济金，右手找劳工缺口。在中国，我想这方面可能好一点。中国的劳动人口弹性大，但是也要警戒。

中西之间的"师生关系"，到了改变的时候

百年来，中国一直在追赶西方。我觉得中西之间的"师生关系"应该改变了，是改变的时候了。中国这几十年，技术的进步，物质方面的进步，已经令西方人刮目相看。中国能够以这么多人，花如此大的力气和精神，完成这么一个大的工作——能够令几个亿的人脱贫，这是了不起的大事。从黑死病暴发开始，到现在七百年了，人类历史上没有过这么好的纪录。中国人要自信，我们能做好科学研究、物质生产，我们做出了世界上最好的地铁、最好的动车。台湾地区和大陆的工人、工程师合在一起，在全球供应链上生产出最好的产品。这给我们一个信念：我们可以做到世界第一流。

唐宋以后，中国就曾经是"世界工厂"——唐宋以前，实际上西方买不起中国产品。我在科学界、工程界里面的朋友，大陆、台湾地区都有第一流的学者出来。在社会科学领域，我们一样有第一流的人才。

汉学界不能说因为我们是中国人，读中国书容易，才能表达给洋人看，所以占一席之地。我老讲，今天我们的朋友里边、同事里边，还有我们的学生里边，用洋人的方法做洋人的学问，一样做得好。心理学、社会学、法学，都有做得超过洋人的，更不要说数学和统计学。生理统计学，是我们匹兹堡大学一个前辈李景均做出来的，他出国前是燕京大学教授。那时候什么机器都没有，他只能用筛子，手筛几千次做概率统计，这么做出来了。到现在生物统计学每三年到匹兹堡大学来开一次会，在他的生日纪念他，这是我所知道的一个领域。普林斯顿大学有位姓谢的华人教授，他的数理统计学世界第一。

中东也需要做出改变。中东人钱多得很，脑筋古板。卡耐基梅隆大学有一个教授，去做阿联酋的国立大学校长。他离开匹兹堡前一天，和我讨论了一些问题。我和他讲："你教他们不要自馁，不要自己关门，站起来学——不要说'我只能提供石油'。"我和他讲："你去鼓励他们——你们新的迪拜建设得这么漂亮，是外国人包括中国的工程师帮你们建设起来的；你们要和人家讲作为主人我们很自豪，因为我们有眼光选最好的人帮我们盖最好的房子，将来我们自己也能盖好房子。"华人建筑师贝聿铭先生，为他们建造了伊斯兰艺术博物馆。该馆位于卡塔尔首都多哈海岸线之外的人工岛上，是迄今为止最全面的以伊斯兰艺术为主题的博物馆。贝先生手笔大，为了最好地呈现和发挥该馆的艺术价值，特意请卡塔尔政府专门为该馆的落成建造了一座人工岛。

历史不是一直向上向前

历史没有终结，历史也不是一直向上。人类的历史会崩溃、文化会崩溃——不一定是向上向前，有退步，有散板，有扭曲。

讲几个大的扭曲。一个是亚当·斯密在《国富论》中所说：个人的富有就是国家的富有。今天我们就完全知道了，国家的富有可能是少数人的富有，不是大多数人的富有。美国这么富的国家，富人掌握了三分之一多的财富——最富的人大概不到一千人。这一千人之外绝大多数的美国人，仅仅拥有美国三分之二的财富。并非个人的财富就是国家的财富，这是他的错误之一。

第二，他说货币在流通，流通一次计算一次。国家的财富在于流通，国家的富有不在于储藏。这一点，他也错了。第三个错误，是资金投入进去就要出来，所以经济自己成长。他忘了劳工这一块。马克思给他矫正。马克思说：从资本主义到社会主义，是一个自然的过程，因为历史显示，原始社会进入封建社会，封建社会进入资本主义社会，资本主义社会进入社会主义阶段。不过，西欧跳掉了从原始社会到封建社会这一段，在中东发生的事情，没有发生在西欧；在中国发生的事情，也没有发生在西欧。中东的"封建"与其他地方的"封建"不太一样，是酋长国。别的地方是大的国家，不是小的国家。大的国家是"天下国家"，有波斯帝国，有中华帝国，甚至还有印加帝国、印度帝国。

资本主义近年来最大的一个修正，是货币的流转问题。货币可以脱开准备金，流转自如。货币运用起来的话，由国家拿整个的财富押在上面……但它也可能用错：国家说谎，对外宣称还在押，但是国库里已经没本钱了，这就是错误了。

还有个问题：资金流转速度越快越有财富？但是丢三个瓶子在天上——像那个玩把戏的人——瓶子不掉，四个瓶子、五个瓶子、六个瓶子……到了十个瓶子，它掉不掉？所以从"流转速度"上得出结论是：不要谈"均不均"，饼做大了，每个人都吃得多。要是做饼的原料就这些面粉，怎么做大？怎么吃啊？就这些原料下去——原料出来不要钱啊？这个修正也有错误。

所以社会科学里面，任何定理都只能是假定，不能死咬住。所以，司马迁了不起。他要"通古今之变"，要通它的"变"，永远是如此。

老百姓起来，国家才安定

我一直认为，中国自古有士、农、工、商之分，"士"是精英阶层，最多占四分之一人口；另外四分之三左右，是一般老百姓。士受的教育不错，中国文化的精华部分是在儒家，以及儒家和道、佛两家的互动。但一般老百姓没有那么精英的程度，所以在权力结构上他们没有发言权，在国家的政治上他们没有发言权，在社会自我救济上也惯性地等待精英阶层伸出援手，我觉得这个情势应该改过来了。

所以我要让老百姓做我的读者。这些人起来国家才安定——这不能靠书房教育，不能靠学校教育，要靠生活教育。也因为这个理由，我常常鼓吹，要让"大区"变成"小区"，将"生活圈"当作教育的环境。在生活中学习，在生活中体会——体会的不是书本的知识，体会的是人与人之间的关系，体会人与人之间互助合作才真实，体会分劳分工，有权利有义务，大家才活得有意义，才活得不亏欠，活得有贡献。这个"活的教育"，比从教科书上懂得高深的述论、懂得唯心学派重要得多。

所以我每次跟老百姓讲话，我就真盼望老百姓听、老百姓看。我非常希望政府、执政党放下身段——我们是从老百姓里出来的，我们要回到老百姓里去。我用生活教育来将老百姓带起来。

这种教育方式，有没有潜力呢？美国过去没有那么多大学，英、法、德、美四个国家的一般教育，都由教会组织。教会里面教给他们品行、德行、责任、情感。"德""智"两个理论，"德"这部分的教育，全是教会做的。教会教育人们参加生活实践，去帮助他人、服务社会——在生活体验之中看你的真样子。

为什么我们老是说，18世纪的美国比19世纪的好，19世纪的美国比20世纪的好？美国一个世纪比一个世纪"解放"——一个世纪的放浪，一个世纪的散漫，将来是一个世纪的"沙崩"，会是一团乱麻，一盘散沙。

中国要趁早做准备。所以我有个非常重要的想法，我非常希望听见我这些话的人，与自己服务的单位讲：让产业与产业的同人，活得 side by side——左边是工厂，右边是生活的社区，不要混在一起。生活社区里面有小学、中学、公园、图书馆，有孩子活动的地方，有商店。吸收雇员的家属来这些地方工作，新吸收进来的工作人员，也可能是雇员们未来的家属。

"壮有所用，老有所终，幼有所长"，鳏、寡、孤、独有人照顾，残疾者越来越少——我永远不能忘记我是残疾者。所以，这是我最大的愿望。而且看现在的样子，北欧几个国家，尤其丹麦做得最好。全丹麦都是一个个小的生活圈，全都在里面了。

中国人从来不是一盘散沙

生病的时候，人显得特别单薄、无助。若是一个人生活，这时候送他上医院的人都没有。美国是越来越走向个人社会，越来越说要取消人与人间的"类别"。过去不许说"黑人"，不许叫"nigger"，要叫"有色人种"。为了表示"同等"，实际上是把"类别"取消。乃至厕所里面不许分男和女——这个完全是掩耳盗铃，上天造的人，为什么不承认男和女的区分呢？他们所主张的原因，是认为如此区分，就剥夺了"男性不想做男性""女性不想做女性"的"性别自由"。这是多奇怪的想法！但他们认为这个是权利。于是使得社会散漫开来，于是家庭只有"成员"，没有"关系"。只有 members，no relation，no relatives。这个社会是分崩离析的社会。所以在美国街头打死了人，旁观者可以不去看——看不见。

所以这次的瘟疫，许多人担心：生了病怎么办？我希望大家回想一下：这个世界，这个西方今日最摩登的社会，走向的是个人化，个人化的结果是一盘散沙。孙中山当年骂中国人一盘散沙，他骂错了，中国人从来不是这样。

中国人的想法，是不单个人的问题，中国人向来的想法是"类别"，"物以类聚"，对不对？"物以类聚"，不是"物以类分"，而是"方以群分"——有了共同的性质，才能区分不同的群体。美国人见面：What's your name？不管你姓什么。中国人见面的传统会问"贵姓？"然后请教"名号"。接着是问"贵处？"问籍贯。"我那里去过。""哦，你去过啊！哪一年？"拉近关系了。我有时候会问"贵庚"，以此判断谁大谁小。你看我们的字典上部首分类，木字边，水字边……中文字典是自然分类学。一看有木字旁，就知道这个东西不是木头做的，就是木头长的，或者与木头有关。这个就是反映我们的想法：是relationship，categorical，不是individual。这种的好处是什么呢？大家可以在需要的时候，聚成一团。

蚂蚁是群居动物。一只蚂蚁看上去慌慌张张，一大堆蚂蚁井然有序。一队蚂蚁几百只，抬几根叶子，带回家去储存。非洲的蚂蚁窝有三尺多高。这么小的动物，聚在一起可以建筑那么大的一个社区。但有人说：蚂蚁可能没个性。但我们不是蚂蚁，怎么知道它们没个性？再说"群"，牛、羊、马都是成群生活的，它们有没有个性呢？马独立多了，对不对？所以这个不能这么说。我一直主张：人要体会到"人跟人是群体"。中国的教育，就是教育人"在群体里面做个体"。个体有责任带好群体，个体有责任维持自己的尊严，但是也要维持自己和群体的关系。

里外相配，这个叫作"修己以安人"，这是我真正信仰的话，在很多地方都讲过，这是中国可以提供给世界的思想资源。今天的世界上只有基督教，不管是天主教还是新教，都是一个教。佛教是多神信仰——佛教是撤退的，不是介入的，是抽身的。全世界抽身的后果，也是孤单。

全世界除了中国和印第安人以外，没有人能帮助独神信仰的白人，矫正这个错误。中国是被忽略的，过去是被当作不值得一顾的 by gones by gones——"过去的过去"。现在太多人信仰美国，信仰西方，太多人不信仰祖国，可笑得很——中国的文明是活的。

我的老师们那一辈，就是五四革命那一辈，常常讲"先进国家"。西方世界抓住了"科学"的启动作用，确实曾经先进，或者先进的一部分，但西方的文化并不先进。

个人是有自尊的，个人应该有一定的自由度。但个人属于群体，我们不能将"群体"不当普世价值。我有个好朋友，他解说古书的训练比我的还多得多。但他一直崇拜西方。就这个话题，我不能跟他做一点沟通。所以还是这句话：我有生之年，一直要将中国的东西解释给同胞们听，解释给愿意听的外国人听。跟我一起做这个工作的人,不多啊,不多。

  本来,我具体的根在中国。现在病成这样,也回不去了。但我的坟地在中国,已经做好了。我真正的归属,是历史上的、永远不停的中国。不是哪个点、任何面,是一个文化体,那是我的中国。那个中国里有孔子,有孟子,有董仲舒,有司马迁,有苏东坡,有杜甫,有辛弃疾,有杨万里,有范文正公,有黄山谷,有王阳明,有顾亭林,等等。那个中国里有经书、诗词、戏曲、建筑,有人性,有人与人之间的关系,我还可以回到那里去。

许倬云口述：

当今时代，
我们需要容忍互存的"全球化"

口述：许倬云（史学大家、美国匹兹堡大学荣休讲座教授、"中研院"院士）

访问、整理：冯俊文（美国匹兹堡大学亚洲中心荣誉研究员、访问学者）

导语：

美国的变化对世界有一定影响。当然，也会影响到中国，影响到我们每一个人。在《许倬云说美国》及《许倬云十日谈》中，许先生对此有相当深沉的感叹和忧思：美国主导的全球霸权正在衰退，旧秩序摇摇欲坠，我们究竟会走到哪个方向？人类未来共同的价值观何在？这个世界会好吗？

冯俊文：许先生，随着近年来全球暴发疫情，冲突不断的中美关系，原本我们习以为常的全球化，似乎又蒙上了一层阴影。请问能否谈谈您对"全球化"的理解？

从20世纪70年代晚期开始，大家讨论"全球化"，说"世界是平的"，谁也离不开谁。在那个空气之下，许多措施，比如全球化的市场，全球共同决议怎样节省能源，怎样保护环境等，都是在全球一体的观念之下做的。在此之前，更早期大家叫"现代化"。我想可能在二战后20年，就开始讨论"现代化"，就是要将大家认为的、各种不同的"落后"的情形带入"现代"，而现代的模式当然几乎无可否认。因为美国盛极一时，大家就将美国的情形以及美国的价值观，当作现代化的要件或者趋向。

从"现代化"到"全球化"，演变到今天半个世纪过去了。在许多场合，在许多国家，以物质建设而论确实是走向相当的"现代"。看着中国几十年来的改变，就能理解这个问题。当年要走路、坐汽车才能到的地方，今天可以坐高铁；当年大多数人住在村里的小屋子，今天很多人搬到城里的公寓。民众的生活条件优越了，经济条件也好了。在物质生活方面，在经济建设方面，似乎是无可否认大家都走上了好的方向。

冯俊文：如您所说，政治层面的"全球化"与经济层面的"现代化"，似乎是同步展开的。那么，全世界要实现"现代化"，大家都只能学习美国模式吗？

亨廷顿就是要消灭文化的选择、文化的冲突。有些文化不甘心如此做，就挑战、就否定，甚至要简化或扭曲。美国就不容许——全球化不容许第二个声音、第二个市场。

最近这几年来，美国动辄要大家跟着它走。自己一旦成为标杆以后，就不承认它当年参加的全球化是协商互惠形成的，反而觉得要废除协商互惠的机制，要由它来拍板定案。如此的美国，就变成了一个世界性的帝国主义。这就惹翻了许多国家，中国、俄罗斯……最近印度也起来反对了。印度本来最"乖乖牌"，对英、美、日佩服得要死。

中、俄、印这三个国家，论土地面积都排在世界前列；论人口数量，中国和印度占全球前二；论核弹数字，俄罗斯是世界第二甚至第一。所以这三个国家不赞成的时候，美国人就耍横了，就要进行经济制裁，要打倒谁……都上来了。美国人认为公道在自己这里，别人家里的事他也想做主。如此一来，我们看见紧张的情绪，每一处都有。

冯俊文：最近爆发的俄乌战争，似乎是二战以后罕见的大规模的"逆全球化"现象。如何评价这场战争，在国内呈现出两极撕裂的对立观念。请问您如何看待这件事及其后续影响?

俄罗斯的理由是:乌克兰本来是一个地区性的地区集团中的一国,它要叛离到欧盟去,而且是你们引诱它过去的。美国则说:这是乌克兰的国家主权,你不能废了人家的主权。俄罗斯就说了:这是我的地盘,你在否定我的权力。所以这种分歧,就导致今天世界割裂、不安。

如果美国这么坚持下去,第一个回合美国跟俄罗斯还没打完,第二个回合已经和中国纠缠到一起了。印度昨天也否定了美国强加于他们的决定——美国人不许他们买俄罗斯的东西。欧洲人也觉得,俄罗斯有石油、天然气、麦子,美国不让买,美国又不卖给他们。美国今天的强权比过去希特勒想做的还过之,希特勒基本上只在罗马帝国的范围之内活动。

中国一向是世界性的,它是"天下帝国",它有这种可能性做一些调和、融合的工作。几千年来,天下帝国的中华,没有跟旁边的朝鲜、越南说:你不许这么做,不许买谁的东西。中国最多是要求他们不许不合法地推翻你自己的朝代;但如果既成事实,通常也让它去了。古代中国的天下帝国,没有像美国这样——你非得跟我做一样不可。

冯俊文：如果以基督教为文化背景发展出来的美国模式，不是人类唯一的"现代化"模板，那么从人类文明的历史角度来考察，您认为当前困境的根源是什么？将来可能的路径是什么？

现在就是在这个问题上检讨。第一，究竟有几个现代化？第二，世界性的天下，是不是由一个主人"一言堂"？我跟我的老伙伴艾森斯塔德共同组织了六七次会议，每次都是十个人上下，每一个文化都有代表的学者，用了差不多一星期的时间，在某一个国家的会议厅，某个国家的大学或者它的研究院的会议厅，住在那儿，吃在那儿，大家认认真真地做一个礼拜功课。我们后来得出来共同的认识：今天世界的文化，基本上是三个到四个来源，每一个都有它相当长期的发展过程，这个过程都是独特的。

各个文明兴起的来源，整合过程中的选择，以及最终构成一个全套的制度和系统，都经历了相当长期的过程。而适应它的地理环境，适应它的生活方式，适应它的自然条件，决定了它以什么样的方法生产。生活在草原地区的人以游牧为生，农耕地区的人种地耕田，还有的地区以国际贸易为生，各有各的选择。

世界上有二三十种文化，但只有四五种文明。这四五种文明是二三十种文化里面慢慢团成、结成几个板块，形成地区性的大圈子。欧洲、中东不是地区性的,而是混杂的,所以那里是非最多。因为每个人都想着将自己的方式加在别人头上。伊斯兰教要将自己的信仰加诸基督教群体,基督徒就不干。新教也反对天主教,认为自己是最好的。天主教也反对东正教,认为和自己一样就是好的,反对自己就不应该。这种争辩、争论在欧亚地区,从中东到欧洲然后延伸到美国,是最近四五百年来纷争不断的原因。

那么,在我们从事这个历史研究里面,有个叫雅斯贝尔斯的,他是一个德国人。二战时,他不赞成希特勒的暴政。因为希特勒要以"日耳曼优越论",与德国主张的国家社会主义作为一切的标准——德国境内的犹太人基本上被杀完了。雅斯贝尔斯是德国海德堡大学的教授。他宁可丢了教授职位不要,攀山越岭步行到瑞士避难。这五年战争期间,他就做宏观的思想比较,提出所谓"轴心时代"。

是因为怎么样的条件,生产发展到哪个阶段,人种进化到哪个地步,国家形态组织到哪种程度,才出来一群人,思考一套问题,找出一个统一的方向,是这一族群与文化群认为最抽象、最合理的?那么他从这里就孤立出几个。

最早的独神信仰,是埃及法老创造的太阳神信仰。独神信仰挑战了波斯的"两元论",摩西被当作一个埃及的俘虏出身,接受了独神信仰,而组织为犹太教。又从犹太教转接到耶稣身上,发展出基督教的独神信仰;又从基督教影响到穆罕默德，发展出伊斯兰教。中间的一部分群体，一把抓住波斯的"两元论"，一把抓住基督教，合并于东正教。上述几个宗教或教派，都是由独神信仰的"一元论"发展出来的。但东方出现了佛教，以及"中国型的思想"。佛教里面，实际上也隐含了很多印度教的部分。可是，雅斯贝尔斯并不认为印度教的教义是具体而严格的体系，只是一种信仰，逐渐提升为宗教。印度教是相当地方性、相当族群性的东西，没有一个全球性的夙愿，也没有全球性的目标。它所谓的"得救"不是全球性的，是"种性"的，这不合雅斯贝尔斯的要求。他也并不认为中国只有儒家，他认得很清楚——中国的儒家老早就不是纯粹的儒家了，阴阳五行的传统观念、道教思想很早就杂糅进去了，而且很快就将阴阳理论的二元正反纳入其中，又穿插了佛教的"虚无主义"。等到王阳明的"心学"出现，就将佛教思想完全纳入儒家了。

  他的观察，我是很同意的。我在中国方面的论述，跟他的观点基本上是相符合的。所以在前述我们的讨论会里边，有关中国部分的讨论，六七次全程参加的就我一个。我将雅斯贝尔斯的观点向大家提出以及解释，他们接受我的观点——中国文化与其他文化的差别，就是中国在容忍、吸纳与调和之中，没有拒绝别的因素。而前面所说的犹太教、基督教、伊斯兰教都是排他的，除了东正教吸收了

"双轨制"。伊斯兰教对基督教世界有历史性的仇恨——当年,欧洲发动宗教战争,十多次的冲突,彼此的损伤都是不容情的残酷。在西方取得世界霸权时,西方的基督教对于就在身边的伊斯兰教,欺压迫害毫不手软。新仇旧恨,才有不断的恐怖活动。从"9·11"以后到现在,死于恐怖活动的活动者和牺牲者,以及因为美国镇压恐怖活动,双方死掉的良民与战斗员已经不下 300 万。

冯俊文:请问您是否可以进一步阐释一下,您所认为的中国文化中,具体有哪些元素或特色,可以作为未来人类共同的思想资源,参与文明重整?

如此看来,各个文化群有它自己选择的前途。那几次会议上,我与他们讨论之后,他们没有很勉强,反而很自然地认为"中国这条路是最顺的",不排他,而是接纳、融合。但是要让别的文化群的人完全接受中国的想法,不容易办到——发展出中国这种兼容并包思想,是需要特定条件的。第一,中国的国土面积足够大。第二,中国深耕细作的农业技术发达,农耕土地也够用,很早就能够喂饱自己的老百姓。

别的国家没有这条件,为了生存不是掠夺他人,就是被他人掠夺;不是合并别的部族,就是被他者合并。假如以通商贸易为生，就躲不开互相的交易。到中国去做买卖的伊斯兰教徒、袄教徒等，到了中国以后，他们无法改变中国人，反而自己被同化进去了。伊斯兰教到中国，丢掉的信众多于接收的信众；袄教更是不见了，被收到民间宗教去了。

所以，日本人的现代化，它说"我是东方的西方人"。后来我们就回答："那是个意外。日本人的生活，白天和晚上是两个日子——白天上班是'西化'，晚上回家是'日本化'。在得势的时候，他们是'西化'；等到侵略、主宰他人命运的时候，是'日本化'。我当时和日本学生客客气气地讲，他们无以解释。"

但是今天印度的现代化，被传统的种姓制度分成两截，并不完整。中国的现代化也不完整：过去中国的农村与城市有差异，但还保有其生命力，现在已开始向城市化过渡了。所以在生活起居上，我们中国人基本上已经完全改了面貌，对不对？不能否认，如今已是"旧地换新天"。可是到今天，中国人脑子里面的中国成分还是相当强烈。我们去不掉亲疏远近，去不掉"大中国思想"。

"大中国思想"又叫"天下国家"思想。我们可以将其与西欧思想，在此作一番比较。最突出的，是宗教革命以后，西欧人检讨当时教廷的神的秩序，建立的天下秩序。他们认为神恩的秩序是普天下的，这跟中国讲的人的秩序是普天下不太一样——对于中国人而言，"神"在外面，"人"的"心"在自己。欧洲人那个"普天下"太强权，传播的时候它要求你接受，不接受它能干就干掉你，不能干掉你就跟你过不去。只有康熙可以对给他治病的西方人讲："我不接受你的怪谈，你想留在中国就留着，不合则去。我们的宗教多得很，你做你的礼拜去，不关我的事。"

冯俊文：您成长在中国，又在美国教书、生活了五六十年。请问您是否可以从您亲身观察到的一些情形，与我们再谈谈当前的美国，以及上述"天下国家"思想？

当今时代的全球性贸易，比农业化的全球性要容易，通商条件、信息流通都比过去容易。商品贸易与信息流通，二者确实可以作为全球化的工具。如果农耕变成相当程度的机械化、产业化的同时，还能考虑到不要伤害自然就更好了，这也是完全可以做到的。小户农家也可以发展成大户，大户农场也可以直接对外贸易。其实中国从汉代开始，就是市场经济了。凡此并存，要能容许异态，容许不同的模式之间的互相调节，容许互相沟通、互相修正。人还有高低不一样，美丑不一样，男性女性不一样呢，对不对？

美国人把什么都能改成不一样的东西，连男性、女性天然的不一样都可以改，由他们自己选择。现在的趋势是，养娃娃要像养小鸡一样，从胎里出来以后丢给别人养——因为母亲要自由。女性也不能在家里受束缚，她们认为家里的束缚绑架了自己多少年的自由、平等。

这个虽然有一定的时代发展性，但也有点貌似"走过了头"。一些天然的东西，改变也许未必是更好的选择。

上述现象，都是独神教里面的独断论发展而来的，但是这个课题既然出现了，我们就不能不面对它。所以我想请国内的读者们在这个问题上也好好思考。这两股浪潮扑面而来，其力量之强大，尤甚于海啸，铺天盖地，而且后面还有许多自以为是的诉求：道德、命运、先天，等等。

我的建议是：我们要容忍互存的全球世界。等于我的房间里面三四个人，可以一起坐下来谈话，不需要将房间里的所有人都变成一个样子，不需要一进房间就改姓名、换衣装。每个人的高矮、大小、胖瘦不一样；你饭量大一顿吃三碗饭，我饭量小吃一碗饭，但是你不会胀死，我也不会饿死，因为需求不一样，对不对？你吃牛排，我吃鱼，各有所好嘛，不要强求大家吃一个东西。

艾森斯塔德说，全人类的发展有几个模式，我们都可以容忍。然后有一个 universal world（全球世界），以协调、和解、容忍作为要件。全球化是自由的，全球里面同中有异，异中有同，这才是真正的全球化。

同样，在一个国家——像中国这种大国里面，我们也不必要求所有的地区都一样。我们要容忍地方性的差异，容忍族群性的差异。

　　大的国家里面，就要有一个"笼罩天下"的气度，真正的"天下国家"，更要有"天下"的气度，这样才能做到不同的现代化，"不同"之下有一个大的"全球"。最近我在写一本很重要的书，可能是《万古江河》以后最为重要的作品，也是我最后的一本专著了。里面讲"大同世界"，还要加一条："大同"的上面没有头，大家各尽所能，各取所需，各信所信——"各尽所能"已经有了，"各取所需"也已经有了，"各信所信"可以加进去。这个就是费孝通先生讲的"美人之美，美己之美，各美其美"。

图书在版编目（CIP）数据

我们去向何方 / 许倬云著 . —北京：九州出版社，2023.1（2023.6 重印）
　　ISBN 978-7-5225-1596-0

　Ⅰ. ①我… Ⅱ. ①许… Ⅲ. ①世界史－通俗读物 Ⅳ. ① K109

中国版本图书馆 CIP 数据核字（2022）第 235884 号

我们去向何方

作　　者	许倬云　著
责任编辑	刘　嘉
出版发行	九州出版社
地　　址	北京市西城区阜外大街甲 35 号（100037）
发行电话	(010) 68992190/3/5/6
网　　址	www.jiuzhoupress.com
印　　刷	嘉业印刷（天津）有限公司
开　　本	880 毫米 ×1230 毫米　32 开
印　　张	8.125
字　　数	143 千字
版　　次	2023 年 3 月第 1 版
印　　次	2023 年 6 月第 2 次印刷
书　　号	ISBN 978-7-5225-1596-0
定　　价	59.80 元

★ 版权所有　侵权必究 ★